SÁLGASE

DE ESE POZO

SÁLGASE
DE ESE POZO

BETH MOORE

GRUPO NELSON
Una división de Thomas Nelson Publishers
Desde 1798

NASHVILLE   DALLAS   MÉXICO DF.   RÍO DE JANEIRO   BEIJING

Traducción: *Lesvia Esther Kelly*
Tipografía: *Grupo Nivel Uno, Inc.*
Diseño de la portada: *Chris Tobias, TobiasDesign.com*
Foto de la portada: *Michael Carr*

ISBN-10: 1-60255-020-4
ISBN-13: 978-1-60255-020-9

Impreso en Estados Unidos de América

2ª Impresión, 9/2007

A las familias Tates y Weirs,
por resistir un puñado de tremendas tentaciones que los habrían
lanzado al pozo, y por confiar, en cambio, en la mano invisible de Dios.
Gracias por hacerme sentir parte de la familia e invitarme a compartir
innumerables momentos especiales.
Soy una mejor persona por haberlos conocido.

Y en especial a mi amada Kendall,
quien se rehúsa a desperdiciar ni un momento de la vida,
no importa lo difícil que sea, en un pozo.
Tú, querida, eres mi heroína. La señora Beth te aprecia muchísimo.

Contenido

Contenido

Reconocimientos

Nunca he logrado entender la gracia de Dios para conmigo. Durante toda la vida me ha costado ver algo valioso en mí; en cambio, no me ha sido difícil reconocer el tremendo valor de los que Él me ha traído para que trabajen conmigo en el ministerio. Una de las maneras en que Dios ha tratado con esta situación ha sido mostrándome la excelencia y la pasión santa de estos colaboradores. Así, me ha enseñado que si personas como ellos han querido compartir de su tiempo y energías, entonces Él hará algo que valga la pena.

La lista de las manos que están puestas en este arado es larga. También se convirtió en un proyecto que costó mucho emocionalmente, porque a la mayoría de los inversionistas principales en todas las áreas necesarias para editarlo y publicarlo, Dios les permitió experimentar el mensaje a través de una invitación extraña a que fueran a sus propios pozos. Pudimos resistir porque Dios nos ha equipado fielmente, y en el proceso, ha hecho que nos sintamos más apasionados en cuanto a este proyecto.

La vida nos invita una y otra vez a meternos en el pozo. Eso es todo. Es por eso que les doy mil gracias a Rob Birkhead, a Betty Woodmancy, a Barb James, a Kris Bearss, a Jennifer Day, a Amy Williams y a Scott Harris por asegurarse de que este mensaje llegara a las manos de los lectores, y a Laura Kendall por escribir las preguntas de la guía de descubrimiento que les ayudará a participar.

Jeana Ledbetter, mi querida amiga, recibiste el golpe más fuerte de todos cuando estábamos siendo probados por estos conceptos y fuiste la que mejor resistió. Nadie trabajó tan duro como tú. Eres una mujer excelente y sin duda Cristo está muy complacido contigo. Nuestra relación es de por vida.

Sealy Yates, eres un gran amigo. Realmente eres digno de confianza. Me encantas. Los correos electrónicos que me enviabas siempre se convertían en mensajes de inspiración diaria para mí.

Joey Paul y Byron Williamson, me robaron el corazón con cada esfuerzo que hicieron y se arriesgaron como lo plantea el libro *Voices of the Faithful*. Ustedes son mis queridos hermanos en Cristo. Como Sealy y Jeana pueden atestiguar, nunca tuve la intención de publicar este libro con ninguna otra persona. Este es un libro de Beth, Joey y Byron.

Tom Williams y Leslie Person, gracias por el excelente trabajo editorial que hicieron. Este libro salió mucho mejor por ustedes. Y gracias por tener tanta paciencia con el estilo de escribir tan irritante que tengo. Nunca dije que era una buena escritora. Sólo amo a las personas. Y estoy locamente enamorada de Jesucristo.

Al concluir esta lista, guardo la parte más profunda de mi corazón para lo último. Estoy sumamente agradecida a la gente de Living Proof Ministries que labora junto conmigo. No tengo idea de lo que haría sin ustedes. No me hagan averiguarlo. Ustedes son mis mejores amigos del mundo.

Se me hace un nudo en la garganta al darles las gracias a mis queridas hijas: Amanda y Melissa. Sólo me puedo imaginar lo difícil que les ha sido a veces tener una mamá que ha hecho de su vida, y consecuentemente de las suyas, un libro abierto. No han hecho nada más que apoyarme mientras que cuento toda clase de historias acerca de ustedes. Son unas muchachas excelentes y la prueba más clara de mi vida de que Dios ha compensado los años que las langostas devoraron.

Curt, mi querido yerno, gracias por unirte a la locura. Eres mi predicador favorito.

Keith, mi amor, eres un verdadero compañero en el ministerio y ciertamente en este mensaje. Aún después de todo lo que hemos pasado, te escogería una y otra vez, sólo para llegar al punto donde estamos ahora. Todavía estoy muy enamorada de ti. Tengamos juntos, muchos nietos.

Y gracias a ti mi fiel Salvador por sacarme del pozo y por arriesgar tu nombre conmigo. Te adoro.

Prólogo

Me siento muy honrado de que mi esposa me haya pedido que escriba este prólogo. Muy pronto se dará cuenta por qué sólo hay una escritora en nuestra familia. Conocí a Beth casi treinta años atrás en una fiesta de la asociación estudiantil. Ella era, lejos, la muchacha más bonita de todas. Y lo sigue siendo. Fue aquel el comienzo de un romance extraño que nadie podía entender. La gente estaba desconcertada porque no parecíamos tener nada en común. Cuando yo tenía dos años y medio de edad, mi hermano Duke que tenía cuatro y yo fuimos víctimas de una explosión y quedamos atrapados dentro de un garaje que empezó a incendiarse. La rápida acción de mi papá me salvó la vida a mí pero vi a mi hermano Duke morir quemado.

Beth tuvo su propio trauma cuando era niña. Ambos tratamos de entender lo que nos había pasado, ella a través de hallar a Jesús, yo a través de la psicología.

Satanás vino por nosotros a temprana edad. Supongo que pensaba que al manipularnos podría herir a más personas que matándonos de una vez. Sin embargo, lo que haya sido que pensó acerca de nosotros, Dios lo transformó en bien. Hizo que el dolor de nuestras heridas fuese tan intenso que llegáramos a desear hacer cualquier cosa para salirnos del cautiverio generacional al que trató de someternos. Estoy hablando de alcoholismo, traición, abandono, depresión, ira, adicción sexual, y casi cualquier otra cosa que pudiera parecerle como parte de nuestra herencia. Luchamos intensamente en nuestra propia versión de lo que la Biblia llama el hierro se afila con el hierro. A veces el dolor era tan grande que yo le pedía a Dios que me dejara morir si mi dolor no podía ser útil para un propósito mejor.

Supongo que ya para este entonces usted habrá podido darse cuenta qué es lo que teníamos en común Beth y yo treinta años atrás. Los dos estábamos tan heridos que había muy pocas esperanzas de recuperarnos.

Pero en Dios hay esperanza. Él renovó nuestras mentes y puso su vista sobre todas las generaciones vivientes de nuestras familias. He visto cómo buscó a nuestras sobrinas, sobrinos, hermanos y hermanas para su gloria eterna. Recibimos nuestra salvación, pero no debemos parar allí y conformarnos con vivir una vida superficial. Como dice Filipenses 2.12-13: «… lleven a cabo su salvación… pues Dios es quien produce en ustedes tanto el querer como el hacer para que se cumpla su buena voluntad». Tenemos que seguir haciendo cosas con Dios, hasta que la libertad y el propósito se cumplan.

Me considero un hombre muy bendecido. Amo a mi esposa. Ella es cómica, inteligente, bonita, divertida y ama a Jesús. Conoce estos pasajes bíblicos de arriba abajo, de adelante para atrás y de atrás para adelante. Pero por encima de todo, amo la forma en que el Espíritu Santo y ella se unen para enseñar e inspirar a la gente a que tomen la espada (vea Efesios 6.17) y regresen a la batalla de la vida.

Ella no es falsa. Le puedo asegurar que es auténtica. Un tejano puede oler una alimaña a una milla de distancia. Este libro es rico en palabra y sabiduría. Únase a Beth y a mí, agarre su espada, y regrese a la batalla. Vale la pena luchar por la vida.

—Keith Moore

INTRODUCCIÓN

Unos cuantos días atrás, estuve en una fila para algo que el editor de mi estudio bíblico llamó «conozca y salude». Así, tuve la dicha de abrazar al menos a 150 de los miembros de la audiencia que se encontraba en los estudios para la grabación que acabábamos de terminar sobre un estudio bíblico. Risas y testimonios de felicidad llenaron el cuarto e inundaron mi corazón. No obstante, cuando abracé a la última persona, mi mente estaba girando en torno a ciertas cosas que algunos me dijeron en voz baja. Una señora acababa de perder a su hija de veintidós años de edad en un accidente automovilístico. Por increíble que parezca, otra señora justo detrás de ella acababa de enterrar a su amada hija de apenas tres años de edad. Luego abracé a una mujer preciosa que llevaba un pañuelo de color brillante con el que trataba de ocultar los estragos del cáncer de seno que recientemente se le había propagado al cerebro. Parada junto a ella estaba su hermana la cual hacía esfuerzos para no dar lugar a la amargura. Unos minutos después abracé a alguien que estaba luchando contra la adicción a la comida. Luego abracé a la esposa de un pastor que acababa de ser despedido de la iglesia que pastoreaba. Otra persona me pasó un pedazo de papel al tiempo que me decía en un susurro: «Sólo lea la nota, ¡pero no ahora!» La nota era una petición de oración para que ella pudiera ser liberada de una adicción que había tenido por mucho tiempo.

Me puse a mirar por la ventana del avión que me llevaba de vuelta a casa y traté de analizarlo todo. Allí, por encima de las nubes y la turbulencia, alcé hacia Dios las cartas abiertas que me dieron, como si Él las pudiese ver mejor a mayor altitud. Le dije otra vez lo que le estoy diciendo a usted: la gente está sufriendo. Él ya lo sabía. Y apuesto a que usted también.

La vida puede ser terrible. Aplastante. La magnitud de nuestras preocupaciones puede presionarnos de tal manera que, sin darnos cuenta, empezamos a caer centímetro por centímetro, en el pozo de la desesperación. Puede ocurrir algo tan horrible que nos haga creer que nunca más volveremos a estar bien. O podemos cometer una falta tan grave que pensamos que Dios quiere que nos mantengamos permanentemente fuera de su vista. Pero, si estamos dispuestas a dejar que la verdad hable más fuerte que nuestros sentimientos, y por un tiempo lo suficientemente largo para que nuestros sentimientos finalmente se ajusten, podremos estar más que bien. Podremos ser llevadas a un lugar donde el aire es vivificante, el enemigo es azotado, y la vista es magnífica.

La Biblia enseña que no hay casos perdidos. Que no hay residentes permanentes en los pozos excepto aquellos que rehúsen salir. Toda persona puede conocer la completa redención de Jesucristo, el propósito de la vida y la plenitud del gozo. No, la vida nunca va a ser fácil, pero lo que se gana al vivirla es una vuelta alrededor del planeta Tierra que realmente signifique algo. Estoy convencida de que cuando el último capítulo de la historia de cada vida se registre en los anales del cielo, la gente preferirá haber vivido sus días a plenitud con propósito, más que sin dolor.

Las palabras en los próximos capítulos me trajeron un frescor extraordinario y oro con todo mi corazón que lo mismo le suceda a usted. Estas no son revisiones de un mensaje viejo. Cada etapa de mi vida ofrece una nueva lección, añade una perspectiva nueva, y el fervor de antaño continúa ardiendo. Supongo que, como dice el coro: «El amor que redime ha sido mi tema y lo será hasta que muera».

Dios no ha dejado de estimular mensajes de liberación en mi corazón desde el tiempo en que, fuera ya del pozo, tomé un poco de aire fresco por primera vez. Dentro de mi alma arde un deseo insaciable, casi desesperante, de que cada ser humano viva y lleve a cabo el destino por el cual Cristo murió y resucitó.

La pasión de mi vida es animar a la gente a que llegue a conocer y amar a Jesucristo a través del estudio de su Palabra. Sin embargo, mi mensaje de vida dentro de esa pasión es libertad completa y gloriosa. La clase de vida que sólo Cristo puede brindar. No sé por qué, pero ser libre yo sola nunca ha sido suficiente para mí. Quiero que usted también lo sea. No es suficiente para mí que sólo yo sepa lo emocionante que es la presencia de Dios. Quiero que usted también lo sepa. Quiero que conozca el poder de su Palabra que puede desafiar toda adicción, sanar cualquier aflicción, y tapar cualquier pozo. Quiero que conozca un amor que es mejor que la vida. Porque yo lo tengo.

Yo era un desastre.

Me acuerdo de la primera vez que me ascendieron de categoría cuando estaba viajando por avión. Ese privilegio no me lo había ganado acumulando millas como viajero frecuente. Lo que pasó fue que se les terminó el espacio en la clase turista y como yo estaba viajando sola, me dijeron que necesitaban mi puesto por lo que me iban a llevar a primera clase.

Durante todo el viaje estuve tan emocionada que me comporté como una niña. Miraba a la gente que estaba a mi derecha y a mi izquierda y le decía: «¿No es esto divertido? ¿Puede creerlo? ¿Puede creer que esté sentada aquí?»

Lo extraño es que ellos sí lo podían creer. No me estaba quieta ni un segundo. Cada vez que la azafata nos atendía, yo tenía que luchar contra el deseo irresistible de pararme e ir a ayudarla. Si le daba las gracias una vez, se las daba mil veces.

Cuando llegamos a nuestro destino, todos en la sección de primera clase parecían completamente agotados. Por un buen tiempo ninguna línea aérea me volvió a elevar de categoría. Quizás circularon un memorando de advertencia contra esa viajera insoportable.

Créame cuando le digo que alguien me elevó del pozo y que tampoco fue por méritos propios. Aunque ya han sido varios años desde que esto ocurrió, todavía me siento abrumada. Pienso en esto cada día. Una indigente elevada a la gracia inconmensurable de Dios. Todo lo que sé hacer con este sentimiento abrumador es servir.

Estoy escribiendo para decirle que creo que Dios ya ha hecho arreglos para que usted también salga del pozo en el que se encuentra. Pero usted va a tener que cooperar. Mi oración es que lo que le digo a continuación le sirva para ese fin. Sí, hay alguien interesado en que la eleven de categoría. Lo que usted tiene que hacer es ponerse de pie y empezar a salir. Recordando mi experiencia en el avión, le agradecería si me concede el privilegio de ser su azafata por un tiempo. Ya he hecho este viaje antes. A veces hay mucha turbulencia pero llegar a su destino vale cualquier sacrificio. Gracias por permitirme acompañarle.

Puse en el Señor toda mi esperanza;

él se inclinó hacia mí y escuchó mi clamor.

Me sacó de la fosa de la muerte,

del lodo y del pantano;

puso mis pies sobre una roca,

y me plantó en terreno firme.

Puso en mis labios un cántico nuevo,

un himno de alabanza a nuestro Dios.

Al ver esto, muchos tuvieron miedo

y pusieron su confianza en el Señor.

—Salmos 40.1–3

PUSE EN EL SEÑOR

toda mi esperanza;

CAPÍTULO UNO

La vida en el pozo

Usted no tiene por qué quedarse allí. Aún si ha estado en él toda su vida, puede salirse. Aunque crea que ese es el lugar que se merece, todavía está en condiciones de salir. Tal vez usted sea del tipo de persona que trata de poner su pozo lo más acogedor posible. Y que pese a eso no deja de preguntarse por qué no puede sentirse satisfecha allí y por qué no tiene la madurez suficiente como para contentarse con el lugar en que se encuentra. Después de todo, ¿no nos dijo Pablo el apóstol que deberíamos estar satisfechos en cualquier situación?

¿No se le ha ocurrido pensar que quizás el pozo no sea un lugar para sentirse a gusto? Tal vez deba darle las gracias a Dios por no estar satisfecha. Hay cosas que no fueron hechas para ser aceptadas. El pozo es una de ellas. Deje de tratar de hacer que se vea bien. Es tiempo de que salga de allí. Cuando Cristo dijo: «Sígueme» inherente en su invitación a seguirle estaba la invitación a salir. Las leyes de la física dicen que si trata de ir a un lugar sin salir de otro, su cuerpo puede ser incapaz de hacerlo. Y aunque estire sus piernas al máximo, esto no podrá hacerlo por más de unos minutos.

No me malinterprete. No estoy hablando de empacar y dejar un lugar físico, aunque tal vez eso resulte necesario. Y si está casada,

¡válgame Dios!, por supuesto que no estoy hablando de dejar a su cónyuge. Estoy hablando de dejar un lugar mucho más íntimo que aquel de donde saca su correspondencia. Estoy hablando de un lugar misterioso del corazón, de la mente y del alma, tan cerca y personal que, como lodo en las llantas, lo llevamos con nosotros a donde quiera que nuestras circunstancias físicas nos lleven.

No importa a dónde vayamos, siempre habrá la posibilidad de llevar el pozo con nosotros. En cualquier camino podemos hacer girar velozmente nuestras llantas y tirar lodo hasta que cavemos una zanja justo en medio de una relación o de un trabajo que hubiese podido ser bueno. Cuando esto ocurre, nuestros corazones se deprimen al darnos cuenta que nuestra nueva situación no es mejor que la anterior. El ambiente a nuestro alrededor podrá haber cambiado, pero seguimos viviendo en ese mismo viejo pozo. Empezamos, entonces, a pensar en la forma en que vamos a deshacernos de una posición o de una persona desagradable, cuando la solución real sería deshacernos de ese pozo que arrastramos con nosotros. El problema es que el pozo puede estar tan cerca que ni lo vemos.

Mi marido, nuestros dos perros y yo acabamos de regresar a casa después de haber viajado 2.700 kilómetros por carretera, uniendo cinco estados como quien hilvana una cobija hecha de parches. Esto es algo que hacemos varias veces al año. Durante horas y horas, Beanie olfatea el aire acondicionado en busca de aves de caza (Beanie no es mi marido sino uno de nuestros perros) y Sunny (mi otro perro) no para de sonreír a menos que necesite rascarse. La alegría continúa y los kilómetros siguen pasando hasta que alguien se pone un poquito malhumorado. No voy a dar nombres, pero Dios perdona las fallas y hasta da muestras de mucha misericordia al proveernos, en el momento preciso, de un descanso en el camino. Él nos muestra toda clase de favores, como hacer que aparezca un restaurante que sirve café expreso en un lugar tan remoto que más tarde me pregunto si realmente existió o quizás no fue más que un espejismo y que nunca lo volveríamos a encontrar ni en un millón de años. Pero mientras el refrigerio satisfaga, no me importa si todo está en mi mente.

Lamentablemente, nuestro viaje de cachet se acaba cuando se acaba el café. Cuando insistes en viajar de extremo a extremo del país con dos caninos de buen tamaño, te ahorras dinero que te hubieses gastado en un cuarto de motel. La mayoría de veces nos quedamos en alojamientos que tienen números en los nombres. No importa la cadena, todos los cuartos son casi idénticos, con camas angulares dobles, cubiertas con las mismas colchas azul-marino ordenadas de un catálogo de 1972 cuyo remiendo se les salió hace mucho tiempo de modo que cuando te das vuelta en la cama, los dedos de los pies quedan enredados en los hilos sueltos. Yo duermo entre Keith (este es mi marido) y Beanie, y como se dan las cosas, cada uno está tapado hasta la nariz. Mi solución es subir el aire acondicionado, pero éste se congela y termina por dejar de funcionar.

Como toda buena viajera, me despierto feliz y empiezo mi breve rutina matutina. El champú viene dentro de una bolsa pequeñita que tengo que abrir con los dientes. Escupo lo que se me mete en la boca y rápidamente me pongo el resto en la cabeza. Si les digo que tengo una cabellera abundante entenderán por qué no puedo desperdiciar ni una gota. Lo que Keith tiene que usar para lavarse la cabeza es el jabón blanco genérico que, en pastillas diminutas encontramos en el cuarto de baño. Esta clase de jabón tiende a dejarle en el pelo una gruesa capa blanca, pero bien vale el sacrificio. Todo sea por mi cabellera. Por lo demás, le sale barato comparado con lo que tendría que pagar para mantener los rayitos que me pongo en el cabello. De todas formas, él puede ponerse una gorra de béisbol y asunto arreglado.

La gente que sabe lo mucho que viajamos a veces me pregunta por qué no nos conseguimos una casa rodante. Le respondo con una palabra: El baño. (¿O es que son dos palabras?) El espacio tan reducido y la falta de aire fresco en una casa rodante hace que el baño... bueno... esté presente en todas partes. Dicen que uno se acostumbra pero, ¿en realidad quiero acostumbrarme? ¿Qué es lo que pasa cuando ya no nos damos cuenta del olor? No, como lo veo yo, no fuimos creados para acostumbrarnos a ciertas cosas.

Como vivir en un pozo.

Pero lamentablemente, lo hacemos. Podemos acostumbrarnos tanto al ambiente de nuestro pozo, que no podemos pensar en irnos sin él. Digamos que usted ha estado viviendo en una vieja casa rodante tan reducida que ni siquiera puede estirar las piernas o erguirse todo lo que quisiera. Visualice todo lo que se amontona en un espacio tan pequeño. Imagínese el olor inevitable de ese cuarto de baño tan estrecho. Hasta su ropa empieza a oler así. ¿O es su cabello el que huele así?

Ahora, imagínese que le hayan ofrecido una casa totalmente nueva. Una casa real sobre un fundamento sólido, con grandes guardarropas y espacios bien abiertos. Casi no puede esperar para habitarla. Llena de ansiedad, aprieta hasta el fondo el acelerador de la casa rodante y la mete directamente en la sala, llevándose una pared o dos. ¡Ah, finalmente! ¡A esto sí que puedo llamarlo mi hogar! Se echa hacia atrás en el asiento de la casa rodante, respira profundo y se acomoda para sentir algo fresco. Algo diferente. Luego se da cuenta que ese aire se sentía igual al del viejo cuarto de baño. Esperaba un cambio, pero su alma se desploma al comprobar que, aunque está en un lugar nuevo, todo se siente y huele igual.

Aunque lo que experimenta sea desalentador, eso puede ser la mejor noticia que haya recibido en todo el año. Si se da cuenta que cada situación en la que se encuentra es como un pozo es porque se está llevando su pozo consigo. Y eso significa que ha aprendido algo que realmente necesita saber: Tiene que dejar de andar manejando esa casa rodante hedionda por todos lados. Esta es una gloriosa excepción a la regla de que «si el zapato te queda, úsalo». Porque si el volante de esa casa rodante hedionda le queda bien, no tiene que seguir agarrándolo.

Si se dio cuenta de que usted es la persona que está manejando esa casa rodante vieja y destartalada, quiero que entienda que lo último que quiero es que pase vergüenza. La única razón por la cual puedo reconocer a alguien que reside en un pozo móvil, es porque se necesita uno para reconocer al otro.

Tal vez di en el clavo en cuanto a algo en lo cual soy toda una experta: la vida en el pozo. Cuando se trata de pozos, supongo que he vivido en todos los que se pueda imaginar. Desde la niñez a la edad adulta, los he recorrido todos, intercambiando un modelo por otro.

El pozo era mi infierno seguro en momentos de angustia. Y la única razón por la cual tengo la audacia de escribir este libro es porque ya no estoy allí. Me salí porque algo, *Alguien*, trabajó por mí. Créame cuando le digo esto: Si yo pude salir, cualquiera puede hacerlo.

Quizás traté de mantener la entrada al pozo en secreto para que nadie lo supiera; sin embargo, por algo que varias personas me han dicho recientemente me doy cuenta que no fue así. Varios meses atrás, Dios me llevó a su Palabra para que hiciera una especie de análisis sobre qué era un *pozo* exactamente. Abrí mi fiel concordancia, busqué cada lugar en el cual se usa el término y empecé a trabajar. Allí, en las páginas de las Escrituras, Dios me enseñó tres formas en que podemos entrar a un pozo y algunas maneras en las que podemos salir. El mensaje me renovó tanto que los siguientes meses hablé sobre esto en tres conferencias distintas. La primera fue en California a un grupo de 4.000 mujeres de todas las edades. La segunda también fue a un grupo de miles pero sólo había jóvenes universitarias. La tercera fue a una audiencia selecta en un estudio de grabación, para grabarla y pasarla por televisión.

Al final de cada mensaje les hacía las mismas preguntas. La primera era: «Después de todo lo que han aprendido bíblicamente acerca del pozo, ¿cuántas de ustedes pueden decir que han estado en uno?» En los tres grupos, todas las manos se levantaban. No me extrañaba. La segunda pregunta era: «¿Cuántas de ustedes han entrado a los pozos en las tres maneras diferentes de las cuales hablé?» Casi todas las manos se levantaron, incluyendo la mía. Les pedí que cerraran los ojos para poder hacerles la última pregunta: «¿Cuántas de ustedes pueden decir que están en un pozo ahora mismo?» Para mi sorpresa, una cantidad apabullante de manos tímidas se levantaron sólo hasta el nivel de los hombros, por si acaso sus vecinas las estaban mirando.

Así que, ¿cuál es la gran sorpresa? Si yo fuera una mujer aficionada a apostar, habría apostado que los tres grupos tenían lo mejor de lo mejor en cuanto a mujeres que buscan a Dios y siguen a Jesús. Muchas de ellas han ido a estudios bíblicos por años. Montones son consideradas por sus compañeras como mujeres de éxito. A otras las ven como un modelo a seguir. En cuanto a las jóvenes universitarias, un número significativo de ellas percibe el llamado de Dios para sus vidas. Muchas son espirituales... y desdichadas.

He llegado a la conclusión de que hay infinitamente más personas desdichadas que felices. Muchas más se sienten derrotadas que victoriosas. Si se las presiona, miles confesarían que «esto» no trabaja tan bien como esperaban. Muchas creyentes están totalmente desconcertadas, si es que no están en desesperación total. Sí, dejando las miradas inexpresivas a un lado, están en un pozo. No sin causa alguna, pero absoluta y totalmente sin necesidad. También he llegado a la conclusión de que algunos pozos han sido decorados sólo para que se vean mejor que otros. Pero no deje que nadie la engañe. Un pozo es un pozo.

Ese es el problema. Muy a menudo no reconocemos un pozo cuando estamos sumidos en él. Así que, ¿por qué tendríamos que pensar en salir de allí? La razón por la cual algunas de ustedes, gente buenísima, están en un pozo sin darse cuenta es porque equivocadamente relacionan los pozos con el pecado. En nuestra subcultura cristiana pensamos que el único pozo que hay es el pozo del pecado. Pero si hacemos un análisis bíblico de un pozo, vamos a tener que pensar mucho más abiertamente que eso. Necesitamos conocer la manera de identificar los diferentes pozos y de saber cuándo estamos metidos en uno de ellos. Así que aquí va: Puede saber que está en un pozo cuando...

Se siente atrapada. Así lo dice Isaías 42.22: el pozo es un lugar donde la persona se siente atrapada; donde tiende a sentir que su única opción es portarse mal. Por ejemplo: empieza a patalear y a gritar con la esperanza de que sus movimientos le ayuden a liberarse. O decide someterse. Por ejemplo, piensa que es la única causante del lío en que se encuentra metida por lo que decide morir en él. El salmo 40 añade a las características de un pozo palabras como: «resbaladizo», «enlodado», «fangoso». Juntas, estas palabras nos dicen una cosa vital sobre un pozo: De él no se puede salir.

He estado allí en más maneras que cualquiera. Sólo pasaron unos cuantos meses después de casarnos para que Keith tratara de cambiar a su esposa de ser una defensora de los derechos de los animales a ser una cazadora. Pensó que sería más sabio empezar con criaturas que no tenían pelaje, pues los que tenían plumas harían ver la caza como algo menos personal. Así fue que para mi primera y última caza de gansos me vistió con el último par de botas de hule que encontró en una tienda de excedentes del ejército y que eran tamaño doce. Cuando íbamos a pagar, se dio cuenta que ambas eran para el pie derecho, pero como me quedaban un poco grandes pensó que estarían bien de todas maneras. Sonriendo de oreja a oreja como si hubiese acabado de cazar un ciervo, Keith puso esos monstruos negros enfrente de mí. Miré hacia abajo y vi que las dos puntas de las botas «miraban» para el mismo lado. Después de un rato, me volví para mirarlo a él. Lo único que se me ocurrió decirle fue que dondequiera que llegáramos a ir, siempre sería hacia la derecha.

El amanecer no tuvo misericordia conmigo. Era demasiado temprano y hacía bastante frío mientras caminaba con dificultad detrás de él. Estábamos en un campo arrocero lleno de agua en las afueras de Houston. Cada tercer paso que daba, una de mis botas derecha se empantanaba en el lodo, hasta que finalmente uno de mis pies se atascó tan profundamente que, por más esfuerzos que hice, no logré zafarme.

«¡Jala, mi amor, jala!», me decía Keith.

«¡Es lo que estoy haciendo!», le grité. «¡Pero no logro zafarme!»

Cada segundo que permanecía allí me hundía un centímetro más. Cuando finalmente el lodo empezó a meterse dentro de mis botas, hice lo que cualquier mujer que se respete haría: Me puse a berrear. Exasperado, Keith se volvió y empezó a caminar hacia mí. Refunfuñaba algo que no estaba segura qué sería, pero de lo que estaba muy segura era de que alguien debería haberle lavado la boca con jabón. También estaba segura de que en esos momentos él no estaba de humor como para que lo hiciera yo.

Jaló y jaló hasta que me sacó los pies de las botas, con todo y medias. Regresamos al carro ese día, sin pájaros, sin botas, y él llevándome en sus espaldas. Aquella no fue la última vez en que nos habríamos de encontrar con una situación parecida.

Hundiéndose centímetro por centímetro. Eso es lo que sucede en un pozo. Jeremías supo lo que se siente y, mire que él no pecó para merecer estar allí. Jeremías 38.6 describe el pozo como un lugar de hundimiento.

Y tiene que haber sido mucho peor con sandalias que con botas. Pero no importa lo que tenga en los pies, usted puede estar segura de una cosa: el pozo sólo se pone más profundo. El terreno bajo siempre se hunde. En un pozo no hay un nivel donde usted se sienta segura.

Quizás usted piense que ya se ha dicho suficiente acerca de la ironía de los cristianos y la vida en un nivel inferior... hasta por mi propia boca y los garabatos que mi pluma ha hecho. No sé por qué pero me irrita que la gente se quede en lugares malos cuando no tiene por qué hacerlo. En la mayoría de los casos eso es, precisamente, lo que hace que un pozo sea un pozo: un sentimiento de estancamiento. Supongo que me siento así porque yo ya he estado allí. Estuve atrapada por un buen tiempo antes de darme cuenta que no tenía que quedarme allí. Y ahora que ya no lo estoy, quiero que todo el mundo esté fuera de esa trampa.

Usted no tiene dónde apoyar el pie. En Salmos 69.2, David clamó: «Me estoy hundiendo en una ciénaga profunda, y no tengo dónde apoyar el pie». Si aún no está convencida, es tiempo de que acepte el hecho bíblico de que su alma tiene un enemigo real, y este no es de carne y hueso. No podemos seguir ignorando a alguien que sistemáticamente está tratando de destruir nuestras vidas. La pasividad tiene que irse. Efesios 6.11 nos implora: «Pónganse toda la armadura de Dios para que puedan hacer frente a las artimañas del diablo». Hágale frente. Nadie puede, indefinidamente, hacerlo por usted.

Si usted y yo vamos a ser personas victoriosas, tenemos que pararnos sobre terreno sólido. Efesios 6.13 nos exhorta: «Por lo tanto, pónganse toda la armadura de Dios, para que cuando llegue el día malo puedan resistir hasta el fin con firmeza».

Una manera en la que puede saber si está en un pozo, es que se sienta inefectiva y completamente sin poder contra el ataque; que no pueda hacerle frente a las agresiones, los problemas o las tentaciones porque sus pies están metidos en lodo y en fango; que experimente lo que el salmista experimentó y lo que yo ciertamente experimenté: estar en un lugar «donde no pueda apoyar el pie». Es por eso que el testimonio de una persona que ha sido rescatada de un pozo pinta este cuadro tan vívido de un lugar totalmente nuevo: «Puso mis pies sobre una roca, y me plantó en terreno firme» (Salmos 40.2b).

Le ruego que se dé cuenta que su enemigo tiene un tremendo trabajo que hacer, no sólo cavando y camuflando un pozo para usted, sino también procurando que usted llegue a caer en él y luego tratando de convencerla de que se quede allí después de haber caído. Él sabe que en su pozo usted se sentirá totalmente impotente para hacerle frente; que se sentirá completamente vulnerable.

Para los antiguos hebreos, un pozo era una referencia literal o figurada a la tumba, a su amenaza o a un abismo tan profundo que el que vive allí se siente como si estuviera muerto en vida. ¿Ha estado allí? Yo he estado. Tomando la aplicación figurada, vamos a definir el *pozo* de esta manera: Un pozo es una tumba prematura que Satanás cava para usted, con la intención de enterrarla viva. Sin embargo, tenga presente una cosa: si llegase a caer en él, Satanás no tiene poder para hacer que usted se quede allí. Pero, al mismo tiempo e irónicamente, Dios no la obligará a que se salga. Gústele o no, algunas cosas simplemente están en nuestras manos decidirlas.

Ha perdido la visión. A diferencia de esa vieja casa rodante, los pozos no tienen ventanas. Las Escrituras los pinta como lugares de oscuridad. No estoy hablando de la oscuridad demoníaca, aunque si nos vamos lo suficientemente profundo y nos quedamos alli el tiempo suficiente, de seguro tendremos un encuentro con la oscuridad diabólica total. Estoy hablando de algo más básico que eso. Me estoy refiriendo a la clase de oscuridad que simplemente nos afecta la visión. La luz en el pozo es tan mala que ya no podemos ver las cosas que alguna vez fueron obvias. Esa es otra razón por la cual muy a menudo nos quedamos en el pozo. Sin ventanas, estamos convencidas de que no hay ningún otro lugar al cual podamos ir. Sí, siempre podemos mirar hacia arriba. Dios sabe que esa es la única abertura que tenemos, pero muy a menudo estamos tan concentrados en nuestros pies que se están hundiendo que no atinamos a mirar hacia el cielo cuya luminosidad pareciera querer enceguecernos. Nos convertimos en lo que la Biblia llama cuellos estirados. La reclusión rigurosa de un pozo nos agota con el eco interminable del ensimismamiento. La visibilidad se extiende a no más de quince centímetros de nuestras narices. No podemos ver hacia fuera, así que vemos hacia adentro. Después de un tiempo, la miopía trae desesperanza. Nos sentimos tan enterradas en la situación en que nos encontramos que perdemos toda pasión por el futuro que se nos ha prometido.

Creadas a la imagen de Dios, deberíamos desbordar creatividad. Sí, usted. No me diga que no es creativa. No estoy hablando de la tontería aquella de que la parte derecha del cerebro versus la parte izquierda. No estoy hablando de responsabilidad versus actuación. Todos los que hemos sido creados a imagen de Dios, hemos sido creados para que nos desbordemos en una vida chispeante, llena de la visión que Dios nos dio. Eso es en parte lo que el apóstol Pablo estaba diciendo cuando oró para que los ojos de nuestros corazones fuesen iluminados y supiéramos a qué esperanza nos había llamado Cristo (vea Efesios 1.18). Otra versión de la Biblia dice: «teniendo los ojos del corazón inundados con luz». Eso es lo que se pierde en el pozo.

Nuestras imaginaciones fueron creadas como mechas para ser prendidas por el fuego de una revelación nueva, derramando cera en la que Dios puede dejar las huellas de sus firmas infinitas. Él escribe en fuentes y tonos que aún no hemos visto, diciéndonos quien es Él y qué es lo que es capaz de hacer. En la luz que emana del rostro de Dios también podemos vislumbrar reflejos de lo que realmente somos.

Fuimos creados para vernos como parte de algo mucho más grande que nosotros mismos. Algo vital. Algo increíblemente emocionante. Pero los ojos de algunos de nosotros se han ajustado a la oscuridad del pozo que nos rodea. Nos hemos olvidado de lo que habíamos visto antes o hemos hecho caso omiso de esos encuentros divinos que tuvimos a temprana edad, como algo que tal vez nos imaginamos cuando éramos inmaduros, justamente como lo que hizo Susan Prevensie después de regresar de Narnia. En la historia final de Narnia, *The Last Battle* (*La última batalla*), C.S. Lewis nos dice que Susan, que fue testigo de la muerte y la resurrección del león Aslan, que era como un dios en *El León, la Bruja y el Ropero*, recordó los tiempos cuando ella estaba en Narnia como «juegos divertidos que jugábamos cuando éramos niños». Finalmente, llegó a la conclusión de que la tierra celestial de la experiencia que tuvo en su infancia no fue más que una fantasía infantil porque ella «tenía muchas ganas de ser adulta».

Una visión debilitada nos hace envejecer rápidamente y perdemos la ingenuidad que una vez nos hizo sentir como príncipes y princesas reales de un reino. Podemos ser jóvenes y sentirnos viejos al mismo tiempo. Con una carga pesada. En un pozo donde la visión se pierde y nuestros sueños son tonterías.

A través de las próximas páginas, algunas van a reconocer sus pozos. La mayoría no va a adquirir conciencia por ver de repente lo malas que son sino por ver cuán aburridas están.

A algunas de nosotras, la carencia de luz y de aire fresco nos ha puesto a dormir. Empezar a salir comienza con el despertar. Y (ésta quizá sea la parte más difícil) estar dispuestas a volver a sentir.

En Salmos 40.2 David exclamó:

> Me sacó de la fosa de la muerte,
> del lodo y del pantano;
> puso mis pies sobre una roca,
> y me plantó en terreno firme.

Según Salmos 27.6, en lo alto de esa misma roca «me hará prevalecer frente a los enemigos que me rodean». ¿Ve lo que Satanás pierde cuando usted sale del pozo? No sólo hay asombro, esperanza y visión natural cuando nuestros pies se afirman sobre una roca sino que también es una posición estratégica desde donde podemos ver la actividad que está desarrollando el enemigo alrededor de nosotros. (A propósito, no hay nadie sobre la tierra a quien Satanás le gustaría más ver en un pozo que a alguien que tenga una visión que complace a Dios. Si no, pregúntele a José.)

Entonces, estamos claros. No tenemos que estar en una fortaleza de pecado para estar en un pozo. Sólo tenemos que sentirnos atrapados, sentir que no podemos ponernos de pie y enfrentar a nuestro enemigo, y sentir que hemos perdido nuestra visión. Eso es todo lo que se necesita para que exista un pozo. ¿Ha estado en alguno? ¿Está en uno ahora mismo? ¿Hay alguien que usted ama que se encuentra en uno? ¿Cómo hace una persona para meterse en estos pozos? Más importante, ¿cómo se puede salir de ellos? Estas son las preguntas que vamos a contestar en el resto de este libro.

Él se inclinó *hacia mí y* ESCUCHÓ mi clamor.

CAPÍTULO DOS

Cuando la
lanzan a un pozo

Es cierto. A usted la pueden lanzar a un pozo sin hacer nada para merecerlo y sin querer meterse en él. Aquí no estoy hablando de un pozo de pecado sino de un pozo de inocencia, la clase de pozo que muchos no se dan cuenta de que existe. La pueden echar directamente en la profundidad del fango antes de que usted pueda reaccionar. O peor aún, antes de identificar a *quién* lo hizo. De hecho, estas eran las circunstancias del primer pozo mencionado en las Escrituras. Los detalles están en Génesis 37.23-25:

> Cuando José llegó a donde estaban sus hermanos,
> le arrancaron la túnica especial de mangas largas, lo
> agarraron y lo echaron en una cisterna que estaba
> vacía y seca. Luego se sentaron a comer.

En un arranque de celos y furia como resultado de la parcialidad de su padre, los hijos mayores de Jacob echaron a su hermanito José de diecisiete años de edad en una cisterna con la intención de dejarlo morir allí. Piense en esto por un momento. Quizá haya leído esta

23

historia tantas veces que la acción de los hermanos le parezca algo trivial. Después de todo, las cosas resultaron bastante bien, ¿verdad?

Hace un tiempo, una mujer de Dios con grandes talentos me dijo que cuando era niña su papá la había sacado del auto en un camino rural porque estaba llorando. Y que la había dejado allí, sola, y se había ido. Y que más tarde había regresado a buscarla. Venía furioso y le dijo que esperaba que hubiese aprendido la lección. Claro que la aprendió. Supo a partir de aquel día que no podía confiar en su padre.

A pesar de todo lo que he visto y oído a lo largo de mi vida, cuando ella me contó esta historia, me quedé boquiabierta. Estaba sencillamente horrorizada. Como esta mujer ha sido usada grandemente por Dios, usted pensará que las cosas le resultaron bien a ella también. Pero le puedo asegurar que el precio que tuvo que pagar fue extremadamente alto. Después de casada, no pasa día en que no tenga que tomar conscientemente la decisión de creer que el esposo que Dios le dio no la va a dejar tirada en algún lugar e irse sin regresar a buscarla. Nunca minimice la decisión que alguien como ella tiene que hacer diariamente de afirmar bien sus tacones en la roca para no deslizarse en ese pozo familiar que continuamente la está llamando: «¡Ven a casa! ¡Ven a casa!»

En otra versión de la Biblia, Salmos 40.2 dice de esta manera: «[Dios] también me sacó de un pozo horrible». Sí, eso dice. Algunos pozos son simplemente horribles. Y cuando nos sentamos frente a alguien que puede decirnos haber estado en uno, nuestra primera reacción es de horror. Espero no llegar nunca a un punto en que deje de llorar cuando escuche algunas de las historias que me cuentan.

Cuando escuche historias como ésta y lea testimonios parecidos, recuerde que estas cosas les suceden a personas vivas y reales, de carne y hueso, cuyas heridas si bien pueden cicatrizar, antes han sangrado profusamente. Muchas personas que nos rodean han sufrido horriblemente en un pozo que no cavaron ellas mismas. A menudo necesitan que alguien les diga: «Eso es *horrible*. Estoy tan triste que realmente no sé qué decir». Luego, cuando se gane su confianza y considere que es el tiempo adecuado, quizás pueda compartirle su esperanza.

Las formas en que nos pueden echar en un pozo son tan variadas como las huellas plantadas en ellos:

- Como mis amigas Cara, Christen y Amanda, que vieron a una jovencita embriagada salirse del camino con su auto, entrar al patio de su casa y atropellar a su mamá, una tragedia inesperada puede lanzarla a un pozo.

- Como una preciosa mujer del estudio bíblico que fue apuñalada varias veces por su novio con el cual estaba tratando de romper, un crimen violento puede lanzarla a un pozo.

- Como mi familia de origen, a usted la puede lanzar a un pozo un ser querido afectado por una enfermedad mental. No puedo expresar adecuadamente el temor que puede provocar una persona que pierde temporalmente el uso de razón.

- También como mi familia, a usted la puede lanzar a un pozo un alcohólico que dejó un sendero de destrucción demasiado ancho como para poder evitarlo. No condeno a este ser querido pero es por la gracia de Dios que yo no me fui por ese mismo camino.

◘ Como mi amiga Sara, a usted la puede lanzar a un pozo un marido que después de veinte años de casado dice estar enamorado de otra mujer, así que se va.

◘ Como los hijos de Sara, a usted la puede lanzar a un pozo un padre que repentinamente abandona el hogar. Si es afortunada, todavía le dirán cuánto la aman, pero nada podrá superar la amargura de haber sido abandonada.

◘ Como Eric, un hermano en Cristo, a usted la puede lanzar a un pozo una mujer cruel que le dice que está muy aburrida y que se va a ir a divertir sin usted.

◘ Como mi amigo Shawn y una cantidad asombrosa de otras personas como él, a usted la puede lanzar a un pozo una enfermedad muy grave, de muerte inminente.

◘ Como Jim y Connie, a usted la puede lanzar a un pozo el nacimiento de un niño con graves impedimentos que tal vez nunca la llegue a reconocer pero que probablemente viva más tiempo que usted.

◘ Como Charles y Gayle, a usted la puede lanzar a un pozo el incendio de su casa justo cuando no la tenía asegurada.

◘ Como un buen número de los miembros de mi iglesia en Houston, a usted la puede lanzar a un pozo la pérdida financiera que sucede cuando una compañía como Enron se desploma.

◘ Como Jay de ocho años de edad y Angela de doce, a usted la pueden lanzar a un pozo cuando su padre exitoso, es echado en la cárcel por delitos financieros.

◘ O, como muchos niños que estaban en la misma fila que Melissa y yo, esperando para visitar a un ser querido encarcelado, a usted la puede lanzar a un pozo un padre drogadicto que rara vez está lo suficientemente sobrio como para interesarse por usted. No lo dude. Un pozo le ofrece residencia permanente tanto al rico como al pobre. Al dolor no le importa su estado social. Todos sangran cuando se les corta... a menos que ya estén desangrados.

◘ Como yo, a usted la puede lanzar a un pozo un pariente cercano egoísta y lo suficientemente enfermo como para atacarla sexualmente cuando era niña.

◘ Como yo, a usted la puede lanzar a un pozo alguien a quien quería y sentía desesperadamente que la amara pero que la rechazó.

◘ Como mi esposo Keith, a usted también la puede lanzar a un pozo la muerte repentina de un hermano mientras estaban jugando juntos y, como él, deseando haber estado en su lugar.

◘ También como mi esposo, a usted la puede lanzar a un pozo la pérdida de otro hermano lo que la hace pensar por qué la vida es tan injusta que permite que algunas familias sufran más que otras.

● Sea, en el siguiente ejemplo, junto conmigo, un poco más reverente: Como Mary, Sue, Ginny, Heather, Buddy, Randy, y muchos otros con nombres reales y dolores reales, a usted la puede lanzar a un pozo la muerte de un hijo querido e irreemplazable.

● ¿Cómo usted?

No es fácil para mí escribir estos ejemplos como seguramente no lo es para usted leerlos. Pero no conozco otra forma de salir del pozo si rehusamos reconocer o hablar de estas cosas. Claro, podemos experimentar golpes como estos sin necesariamente descender al pozo, pero las probabilidades de aguantar tantos horrores sin caer en la oscuridad por al menos un ratito son tantas y tan eficaces como si José hubiera tratado de agarrarse del borde de esa cisterna y resistir el empujón que le dieron sus hermanos. La fuerza de ciertas circunstancias que lo empujan hacia abajo puede ser demasiada como para poder resistirla.

Muchos de nosotros nos encontramos en un pozo mucho antes de llegar a la edad de diecisiete años como José. Para ser sincera, no me acuerdo de mi vida antes del pozo. Mucho antes de ir al kindergarten yo ya tenía problemas de disciplina, típicos de una persona que ha sido víctima de abuso. Visitas frecuentes al pozo tienden a convertirse en lugar de residencia permanente. Mientras más temprano entremos al pozo o mientras más tiempo nos quedemos en él, más lo sentiremos como nuestro hogar. Empezamos colocando cuadros en la pared, organizando el lugar y haciéndolo lo más confortable posible.

Invitamos a otros a visitarnos en el pozo y algunas veces ellos se sienten lo suficientemente cómodos como para desempacar sus maletas. Si somos lo suficientemente amables, quizá hasta pongamos un sofá de Pottery Barn y utensilios de cocina de Williams Sonoma justo en medio del pozo. Pero apenas cae la lluvia, todo queda embarrado. Ese es el problema. Todos los pozos tienen piso de tierra.

De las tres maneras de meterse en un pozo, ser echado en él no por *algo* sino por *alguien*, puede ser la más complicada de tratar, tanto emocional como espiritualmente. Le daré unas cuántas razones del porqué. Para empezar, cuando alguien nos lanza al pozo, obviamente tenemos a alguien a quien echarle la culpa. *Ese alguien es quien tiene la culpa.* ¡Estamos hablando de un caso hipotético que tiene la capacidad de comernos vivos! A veces, cuando alguien nos lanza a un pozo, suponemos en lo profundo de nuestro corazón que no era la intención de aquella persona hacer lo que hizo. Como por ejemplo, un familiar con una enfermedad mental, o una madre que descuida a sus hijos porque no puede hacer más que concentrar su atención en el hijo que está gravemente discapacitado. Aunque el dolor puede alterar nuestra forma de pensar, los motivos y las intenciones aún significan mucho para nosotros, y saber que alguien nunca tuvo la intención de herirnos puede hacer que progresemos considerablemente en nuestro intento por salirnos del pozo. Las emociones todavía son complicadas, pero no tanto como pudieran ser si nos hubiesen herido intencionalmente.

¿Quiere hablar de complicaciones? Muy bien. ¿Qué tal las veces cuando fue lanzada a un pozo por el pecado de otra persona, y esa persona resulta ser un miembro de la familia? ¿O un ser querido que supuestamente la amaba? Recuperarse del trauma hubiese sido suficientemente difícil si hubiesen sido personas desconocidas que la escogieron al azar y la lanzaron al pozo. En vez de eso, fueron personas de su propia carne y sangre que lo hicieron... e intencionalmente. ¿Le ha pasado a usted? A mí también.

Forcemos la situación un poco. Volvamos al pasaje tomado del libro de Génesis que cité al principio de este capítulo. Incluí a propósito esa línea que habla de cómo los hermanos de José, después de tirarlo en el pozo, «se sentaron a comer». Piense en esto por un momento. Acababan de lanzar a su propio hermano (que seguramente estaría pataleando y gritando), en un hueco profundo pero aparentemente no se sentían mal por ello. No huyeron por temor a sus vidas. Se sentaron, sacaron sus emparedados de mantequilla de maní con jalea y comieron su almuerzo. Da rabia, ¿no? Génesis 42.21 describe qué «brotaba» del pozo mientras ellos estaban almorzando. La Nueva Versión Internacional dice: «Aunque vimos su angustia cuando nos suplicaba que le tuviéramos compasión, no le hicimos caso».

¡Cuántas veces el enemigo ha usado a alguien para lanzarnos a un pozo, y después de hacerlo, esa persona se mantiene cerca y sigue su vida como si nada hubiese pasado (comiendo, trabajando, jugando, yendo a la iglesia, etcétera), ve nuestra angustia y aflicción, *pero no nos hace caso*! Tal vez hasta nos desprecie por nuestra debilidad. Esto sí que es complicado. Lo sé por experiencia. Pero quizás lo que sea más trágico sean las cosas humillantes que tenemos que hacer para que alguien nos haga caso, y lo que terminamos haciendo es cavar más profundo nuestro pozo. ¡Cuántas veces me he expuesto al ridículo sólo tratando de que alguien que me hirió me haga caso! Queridas, detesto tener que traer esta palabra a relucir, pero no tengo otra opción. Es la última palabra que querríamos escuchar provocando un eco en el pozo en que nos echaron. Usted conoce esa palabra y probablemente esté cansada de oírla. Pero no queremos ser como aquellos que guardan resentimientos contra otros porque «no les hicieron caso», ¿verdad? Entonces tenemos que abrir nuestros oídos y oír de nuevo esa palabra difícil: *perdonar*. Es algo muy difícil de hacer, pero tenemos que perdonar hasta, no, *especialmente* a aquellos que no les importa si son perdonados.

A través del poder infundido por su propio Espíritu, perdone como Cristo perdonó cuando dijo: «Padre, perdónalos, porque no saben lo que hacen». Traducción: «Ellos no tienen ni idea de lo que han hecho». Quienquiera que haya sido que la lanzó al pozo, no tiene ni idea del intenso dolor que le causó. No estoy segura si entenderían si se les dan detalles. No, ellos no tienen ni idea hasta dónde se vieron afectadas sus decisiones y sus relaciones. Humilde pero de manera bien específica, perdónelos no sólo por sus acciones destructivas, sino también por su *ignorancia*. No tiene otra opción si quiere salir de ese pozo.

Sé que esto lo ha oído miles de veces, pero éste puede que sea el día en que realmente lo entienda. Éste puede que sea su día de liberación. ¿Cree que no lo puede hacer? Yo me sentí de esa misma manera. Oí una y otra vez que tenía que perdonar, pero lo que hacía era cruzarme de brazos y rehusarme a hacerlo. Verá, yo empecé en un pozo de inocencia, pero a través de los años mi amargura cambió mis muebles de lugar hasta que no quedó más que un pozo de pecado camuflado.

Pensaba que al perdonar a los que me lanzaron al pozo todo quedaría bien. Pero no fue así. Lo que no había entendido acerca del perdón era que al perdonar, *yo* quedaría bien. Un día, finalmente empecé a entender el mensaje, y estoy orando ahora mismo para que hoy sea ese día para usted.

Quiero decirle algunas de las cosas que me han ayudado a salir del pozo de no querer perdonar. Cuando empecé a ver que el resentimiento que tenía hacia la gente que me había herido sólo fortalecía el cautiverio al cual me habían sometido, Dios cambió la forma de ver el cuadro completo.

En Marcos 6.19 la palabra griega traducida «le guardaba rencor» significa: «agarrarse, aguantar… metafóricamente, contener o ser contenido por alguna cosa; verse envuelto en algo, estar enredado en algo, estar sometido».[1] ¿Qué le parece? Nuestros rencores sólo sirven para envolvernos y enredarnos con las personas que no queremos perdonar. ¡Qué irónico! Cuando no perdonamos, la gente con la cual no queremos estar porque nos hirieron tanto es la misma gente con quien estamos dondequiera que vayamos. Aunque no lo crea, al no perdonarlos nos sometemos a ellos. ¿Quiere estar sometido a alguien que le ha herido terriblemente? Yo tampoco.

Le voy a decir algo más que a mí me ha ayudado mucho. Tal vez la mayoría de la gente piense que el perdón es una actitud pasiva, pero yo empecé a verlo como una tremenda fuente de fortalecimiento. No quiero ser gráfica, pero supongo que usted puede imaginarse que las víctimas de abuso sexual o de violación sufren mucho y por un largo tiempo, ya sea emocional o físicamente, por la pasividad a que fueron forzadas en el momento del crimen. De alguna manera, sólo pensar que yo tenía que perdonar hacía que me sintiera más abusada, como si estuviese siendo forzada otra vez a permanecer pasiva hacia el autor del crimen.

Mi gran avance llegó cuando me di cuenta que nada requiere más poder divino que el perdón, y, por lo tanto, no hay nada más poderoso que perdonar. Nunca usará su propia volición, la fuerza de su voluntad, más dramáticamente que cuando está de acuerdo con Dios en que debe empezar a perdonar. El perdón no tiene que ver con sentimiento. Tiene que ver con la *voluntad*. Y no existe mayor fuerza que la voluntad. El perdón fue la fuerza que sostuvo a Cristo, por sumisión propia, clavado a esa cruz. Él pudo haberse bajado en menos de un segundo. Pudo haber convocado a todos los arcángeles del cielo, armados y listos. Si lo hubiese ordenado, los océanos se hubieran tragado al mundo entero de un solo sorbo.

Perdonar no es pasividad, querida. Es poder. Es la habilidad de resistir las puertas del Hades que tiemblan. Tome este poder y ejérzalo. Es su derecho como hija de Dios. En el poder de Jesús, primero lo deseará y luego lo sentirá. Empiece hoy. Confírmelo mañana. Y continúe confirmándolo por fe como la voluntad de Dios para usted en Cristo Jesús hasta que lo vea. No tiene que tener un pasado como el mío para resistir la pasividad en su respuesta a las malas acciones. Usted puede resistir igual que como responde al abandono de su cónyuge o a la traición de un amigo.

La experiencia cristiana está repleta de paradojas. Entre ellas está el hecho de que se requiere más fuerza física y personal para arrodillarse y someterse a Dios que para pararse y luchar nuestras batallas para obtener reconocimiento. No deje que nadie le haga pensar que el perdón es una alianza con la debilidad. No hay nada que requiera más aceite para los codos que extender los brazos y darle sólo a Dios el derecho a vengarse.

Hasta ahora hemos hablado de cómo tendemos a echarle la culpa a la gente que pensamos que fue usada por Satanás para lanzarnos a un pozo. Pero pueden haber unos cuantos argumentos más que hacen que echarle la culpa a alguien sea igualmente irresistible.

El libro de Job sugiere ambos. No es coincidencia que Job se refiera al pozo numerosas veces, porque nada nos invita más a una tumba prematura que la pérdida y el sufrimiento. Sencillamente, la pérdida y el sufrimiento pueden hacer que deseemos estar muertos. Y como Satanás desea lo mismo, ya que después de todo él fue un «asesino desde el principio», su trabajo es mantenernos pensando de esa manera malsana. En tal angustia del alma, nuestra naturaleza humana busca desesperadamente a alguien a quien echarle la culpa cuando las cosas no salen bien.

Los amigos de Job trataron que se echara la culpa. ¿No hemos estado nosotros en esa misma situación y hemos tenido la urgencia enfermiza de echarnos la culpa? *La culpa es mía.* Y, tal vez, no porque nuestros amigos insistan en ello. Si usted es como yo, entonces es más que nada por la insistencia que tiene de odiarse a sí misma. Una razón por la cual Satanás continúa como el acusador (vea Apocalipsis 12.10), es porque el trabajo es tan fácil y tan gratificante. Él sabe que aún cuando somos inocentes de cualquier motivo que nos hizo caer a un pozo, aceptamos que no somos inocentes en otras cosas. Él juega en nuestras mentes con nuestras conciencias para que no podamos distinguir entre las áreas en que somos culpables y aquellas en que somos inocentes.

Por ejemplo, una mujer ha sido violada y puede que esté siendo atormentada al recordar las veces cuando participó voluntariamente en las relaciones físicas que tuvo en el pasado. Ahora, entonces, escucha al acusador, pierde su habilidad de discernimiento y concluye que tal vez haya consentido en la violación. *Incorrecto.*

¿Capta la figura? Tomemos algunos ejemplos más. Un hombre que es abandonado por su esposa puede llegar a convencerse que mereció que ella lo dejara porque él trabajaba muy duro. No. Tal vez merecía que lo confrontaran. Tal vez necesitaba consejería. ¿Pero se merecía el abandono?

Sus hijos se echan la culpa porque están seguros de que lo que realmente causó la separación fueron las peleas que tenían entre ellos. Ellos sabían que debieron de haber terminado con eso. Y que debieron haber limpiado sus cuartos. Ahora, observan lo que han causado.

Déle una pala a cada uno.

Observe la confusión adicional que el enemigo puede causar cuando sugiere que usted mismo cave el pozo y que se meta gateando en él. Escuche cuidadosamente: Usted puede estar en un pozo inocentemente aunque no siempre haya sido inocente. No sea tan dura consigo misma. No hay nadie que haya sido inocente siempre, excepto los niños bien pequeñitos. Ni siquiera José lo fue. Si usted me

SÁLGASE DE ESE POZO

pregunta, le contestaré que ese niño era un engreído. ¿O me va a decir que un joven de diecisiete años no se daba cuenta que con su pedantería se estaba buscando el odio de sus hermanos? Génesis 37.4 dice que sus hermanos ni siquiera lo saludaban. ¿Cree usted que José no captó ese mensaje subliminal? Y dígame, ¿era absolutamente necesario que él usara esa túnica de diversos colores cuando fue a vigilar a sus hermanos? Le digo, el niño tenía que haberse dado cuenta de las cosas.

Pero, ¿merecía ser lanzado a un pozo? No lo creo. Así que tal vez la pregunta no es: «¿Ha hecho usted *algo* malo?» sino: «¿Justifica lo malo que ha hecho que lo lancen a ese pozo?» Si lo justifica, bueno, ya somos dos, y vamos a hablar de eso en los próximos capítulos. Si no lo justifica, está en un pozo de inocencia… sea indiscutiblemente inocente o no en todas las demás áreas de su vida.

Para su gran crédito, mi esposo Keith ha tenido suficientes sesiones de consejería como para iniciar su propio negocio. No obstante, él no necesita iniciar un negocio porque nuestra propia familia tiene suficientes problemas como para mantenerlo ocupado hasta que llegue su tiempo de ver a Jesús. Continuamente nos está dando consejos gratuitos. Buenos consejos, de hecho, y usualmente nos ponemos contentos al recibirlos. Usualmente. Al menos nos hace reír y siempre nos hace sentir en casa. Es tan… él.

A su esposa, a quien le cuesta deshacerse de las cosas, Keith constantemente le dice: «Lizabeth, aprender a decir adiós es una aptitud necesaria en esta vida». A Melissa, que está estudiando en la universidad hasta más no poder, la regaña, diciendo: «Buenas, niña. Quiero ver unas calificaciones buenas en tu reporte. Deja ese perfeccionismo de obtener notas excelentes y dame algunas buenas». A nuestra hija mayor, Amanda, que tiene un corazón tierno y se adjudica mucho la responsabilidad por cosas que no puede evitar, le dice continuamente: «Sentimientos falsos de culpabilidad, niña. ¡De nuevo está asomando la cabeza ese sentimiento falso de culpabilidad!» Él sabe de sentimientos falsos de culpabilidad. Nunca ha podido quitarse el sentimiento de que él debió haber hecho algo para salvar a su hermano de cuatro años de edad cuando estaban juntos durante el fuego que hubo en su casa. Él tenía dos años en ese entonces.

Satanás es todo un experto para usar nuestras propias inseguridades en contra de nosotros. Él sabe que muy profundo en nuestros corazones somos tan frágiles y hemos sido tan heridos por la vida que el más débil de sus susurros nos puede hacer sentir culpables aun cuando no lo seamos. Satanás sabe que las personas más difíciles de perdonar siempre vamos a ser nosotros mismos. La mayoría de la gente nunca se perdona.

Me fascina la forma en que Greg Paul nos describe en *God in the Alley*: «Somos iguales de muchas maneras más fundamentales que de pocas costumbres autodestructivas. Estamos quebrantados, somos fatalmente imperfectos, y sumamente preciosos, hechos a la imagen de Dios».[2] Es verdad que tenemos algunos problemas, pero los problemas no cavan pozos. Sólo ofrecen palas. Nosotros proveemos el sudor.

Tenemos que ir a un lugar más antes de terminar este capítulo: *Dios tiene la culpa*. Es probablemente el lugar más complicado de todos, pero si realmente queremos salir de nuestro pozo, es inevitable. ¿Qué hacemos cuando sentimos que Dios es el culpable por el pozo en que estamos metidos? ¿Como cuando perdemos a un ser querido o perdemos nuestra salud? De todos los consejos gratuitos que Job estuvo recibiendo, él pudo seguir los consejos de sus amigos, echándose la culpa, o pudo seguir el consejo de su esposa (o tal vez sus propias emociones) y echarle la culpa a Dios. El problema de echarle la culpa a Dios es que se le acusa de haber hecho algo malo. Menos mal que, «Él conoce nuestra condición; sabe que somos de barro» (Salmos 103.14). En otras palabras, Él nos entiende y toma en consideración nuestras limitaciones.

Por otro lado, algunas veces nosotros somos totalmente incapaces de entender sus caminos. Aún así, en su entrañable misericordia Dios nos deja hacerle la misma pregunta latosa que Abraham le planteó: «Tú, que eres el juez de toda la tierra, ¿no harás justicia?» Tal vez nosotros le preguntemos usando palabras diferentes, tales como: «¿Realmente podemos estar seguros de que Dios quiere nuestro bien?» O tal vez lo decimos en silencio, dejando que nuestros corazones que se han apartado hablen por sí solos.

Si estamos dispuestos a permanecer lo suficientemente cerca y observar por un largo tiempo, descubriremos que la respuesta a la pregunta es enfáticamente *sí*. El juez de toda la tierra hará lo que haya que hacer. Él es perfección total. Sabio. Bueno. Satanás no tiene más armas efectivas en su arsenal que preguntarnos, no tanto si Dios existe como que si Dios es realmente bueno. Él sabe que sólo Dios posee el poder y la pasión para que seamos restaurados después de casi haber sido destrozados en los campos mortales de la vida. La razón por la que Satanás nos convence de no confiar en Dios y apartarnos de Él es para mantenernos quebrantados, ineficientes y, francamente, fuera de su camino. La vida ofrece muchas invitaciones para caer en esta clase de desconfianza.

En mi iglesia tengo una hermosa amiguita de doce años de edad que se llama Kendall. La conozco de toda la vida y he orado por ella desde cuando el doctor descubrió su Síndrome de Down. Kendall ha participado en deportes y asiste a la escuela. Me contaron cuando por primera vez corrió hacia la base en un juego de béisbol y la primera vez que terminó todas las vueltas en su competencia de natación. A ella y a mí nos gusta usar nuestras botas negras cuando vamos juntas a la iglesia. Yo estoy encantada con ella.

Característicamente activa, hablantina y jovial, unos meses atrás se puso dramáticamente letárgica y cada vez más pálida. El polvo aún no se había asentado en el suelo cuando ya sus padres le estaban haciendo una gran cantidad de exámenes. Todos quedamos atónitos cuando supimos que tenía leucemia. No, no sólo atónitos. Horrorizados. En la privacidad de mi propia relación fuerte y segura con Dios, la noticia me dejó dando vueltas. ¿No tenía suficientes cosas con qué lidiar? ¿Y también su familia? ¿No se ha portado tan bien? ¿Por qué ella? ¿Por qué no yo? Y si mis emociones estaban conturbadas por la mala noticia, ¿se puede imaginar lo que sintió su familia? (Aún ahora no puedo ver mientras escribo, por las lágrimas que brotan de mis ojos.)

Poco después que a Kendall se le diagnosticara la enfermedad, yo tuve que hacerme unos exámenes médicos. Ella y yo nos enviábamos mensajes escritos por el celular desde los diferentes hospitales. Ella oraba por mí; yo oraba por ella. Los sentimientos de culpa amenazaron con abrumarme, ya que mis exámenes salieron bien y los de ella no. Tal vez ella oró mejor que yo.

En la paciencia y la gracia de Dios, Él me dejó dar vueltas hasta ir a parar en Sofonías 3.5: «Pero el Señor que está en ella es justo; no comete iniquidad... no deja de hacerlo cada nuevo día». El versículo describe a Jerusalén, pero yo creo que Dios lo usó en ese momento para hablarme de Kendall, aquella preciosa hija suya que abierta y confiadamente llama a su Hijo, Salvador.

Sé que Kendall le pertenece a Jesús. Yo no sólo creo que ella es salva, como a veces decimos de los que son niños para siempre. Para usar una buena terminología bautista, Kendall es tan salva como Billy Graham. La sencillez del evangelio tuvo sentido para ella y declaró su fe en Cristo. Así que para mí, el versículo en Sofonías le cae bien. El Señor está dentro de ella a través de su Espíritu Santo. Y Él es justo. Y no comete iniquidad.

Me bebí esas palabras como un tónico mientras permanecía sentada delante del Dios que yo amo, y en quien confío, y lloré. Mis sentimientos estaban heridos. No porque Dios era malo, sino porque algunas veces mis sentimientos no reflejan la verdad. Allí mismo en su presencia, empecé a decir todo lo que yo sabía que era verdad, y muy pronto cambió lo que sentía. No, no puedo explicar cómo funciona lo de la bondad de Dios y el sufrimiento del hombre, pero yo sé que Dios no les hace mal a sus hijos. Él no puede. Inconcebiblemente santo, Dios no puede pecar. Él es una Luz inaccesible y en Él no hay oscuridad.

Al final del libro de Job, su protagonista tampoco tuvo respuesta a sus preguntas originales, pero él sabía que su Dios era inmenso, que su Dios era sabio y que su Dios lo redimiría. Echarle la culpa a Dios como una forma de acusarlo de todo lo malo, sólo nos mete más adentro del pozo. Pero ponerlo como el responsable en última instancia de una manera positiva, como su Palabra lo sugiere, ese es nuestro boleto de salida.

No se me vaya. Sé que acabo de hacer una declaración que necesito desempacar para usted, y voy a hacerlo ahora. La forma en que reaccionemos al último análisis de este capítulo determinará si es que vamos a salir o nos vamos a quedar en el pozo al cual nos han lanzado.

Piense en José, nuestro primer ejemplo de las Escrituras de alguien que estaba en un pozo y al cual no se metió por su propio gusto. Él tenía muchas personas a las cuales echarles la culpa y así justificarse. Sin embargo, el resentimiento sólo hubiese mantenido sus pies enterrados en el fondo de su pozo. Cuando acusamos a otros tal vez pensemos que le estamos metiendo el dedo en el pecho al culpable, cuando en realidad lo que estamos haciendo es hacer huecos en la pared de nuestro pozo y echando más tierra sobre nuestros pies.

En algún momento, José decidió no sólo mirar hacia arriba, sino también señalar hacia arriba. Por su decisión de ver a Dios como el soberano total y el responsable en última instancia, no halló la muerte. Esto fue lo que le dio vida. ¿Por qué? Porque él sabía que Dios sólo podía ser bueno y hacer el bien. Las palabras que les dijo a sus hermanos culpables, han sido de medicina a muchas almas enfermas que han estado dispuestas a tragársela de una vez: «Es verdad que ustedes pensaron hacerme mal, pero Dios transformó ese mal en bien para lograr lo que hoy estamos viendo: salvar la vida de mucha gente» (Génesis 50.20).

Observe bien la palabra *pensaron*. Viene de la misma palabra hebrea traducida como «planes» en Jeremías 29.11: «Porque yo sé muy bien los planes que tengo para ustedes —afirma el SEÑOR—, planes de bienestar y no de calamidad, a fin de darles un futuro y una esperanza». Dios está haciendo planes para con sus hijos continuamente. Y cuando Dios piensa o hace planes para con sus hijos, Él sólo piensa en lo que puede ser para nuestro bien, en el presente y en el futuro. Sus intenciones sólo pueden ser puras. Reales. Llenas de esperanza. Promoviendo la paz. Escuche cuidadosamente. Dios no dejó accidentalmente o al azar que los hermanos de José lo echaran en el pozo. Él ya lo había pensado de antemano. Lo había considerado. Lo había sopesado. Lo había verificado contra el centro de su plan. Él había visto lo bueno que podía lograr en última instancia, las vidas que recibirían ayuda y que podrían salvarse. Entonces, y sólo entonces, en su propósito soberano permitió que tal daño cayera sobre su hijo amado. Si el incidente no hubiese tenido un propósito glorioso, Dios lo habría desactivado.

Amadas, esto no sólo lo sé como un hecho bíblico; lo sé como un hecho personal. Lo vivo cada día. ¿Puede usted pensar en algo más malvado que el abuso infantil? Lo que sea no es tan horrible como esto. Cuando yo era niña, Dios ya sabía los planes que Él tenía para mí… así como sabía los planes que Él tenía para usted. En su soberanía, Él permitió que me ocurrieran una serie de cosas malas, las cuales tuvieron enormes efectos sobre mi vida. Por muchos años, coseché un torbellino de consecuencias negativas, y para empeorar la situación, añadí toda clase de pecados a lo injusto de lo que me ocurrió. Entonces un día, estando en el fondo de mi pozo, alcé hacia el cielo la cabeza cansada y mi cara sucia y llena de lágrimas. Y la redención se acercó a mí. Dios sabía cuáles eran los planes que Él tenía para mí. Planes de bienestar y no de calamidad. Planes para darme un futuro y esperanza. Desde entonces, he vivido lo suficiente como para ver que Él logra todo lo que su Palabra dice que hará. Suficiente para ver que la belleza supera las cenizas, que el placer divino supera el dolor.

Amada, sea que hable de mi pasado o no, Dios usa lo que digo en mi ministerio cada día sin fallar. En mis amistades. En mi maternidad. En mi matrimonio. Él hace lo mismo por Keith. Quizá la única cosa que podría ser peor que el abuso infantil sea la muerte de un niño.

En dos situaciones distintas, Keith perdió a su hermano mayor y a su hermana menor. Anteayer, él estuvo una hora en el teléfono con una amiga que había perdido a su hermano mayor en un accidente automovilístico. Oró por ella y le contó cómo fue que pudo vivir a través del dolor. Esto mismo lo ha hecho miles de veces. El pasado de Keith no sólo ayuda de vez en cuando; él lo usa todos los días, ya sea que salga de su boca o no. Su pasado es parte de quien él es. Y mi pasado es parte de quien soy. Parte de quien Dios está moldeando.

Keith y yo hemos pasado por tanto, mucho más de lo que compartimos con otros, que de vez en cuando los recuerdos o los lamentos nos deprimen. La semana pasada, Keith tuvo uno de esos momentos. Habíamos estado hablando de nuestros seres queridos y sus personalidades. ¿Eran optimistas, coléricos, melancólicos o flemáticos, o una combinación de dos? Él se puso bien serio y dijo: «¿Cómo piensas que hubiese sido yo? Tú sabes, ¿si todo eso no hubiese pasado? Si Duke no hubiese muerto. Si mi familia no hubiese tenido todos esos problemas. Si yo no hubiese sido tan malo y no hubiese cometido tantos pecados. ¿Cómo piensas que hubiese sido?»

Pude darme cuenta que Keith estaba añorando el potencial que hubiese tenido si la vida no lo hubiese tirado hacia una dirección diferente. Yo creo que las palabras que salieron de mi boca fueron de Dios y no mías, porque no soy lo suficientemente inteligente o ágil como para pensar tan rápidamente. «Mi amor», le respondí. «Tú eres una mejor persona ahora que has *sanado* que si hubieses estado siempre bien».

Ay, amada, ¿se mantiene usted pensando en cómo hubiesen sido las cosas si *eso* no hubiese pasado? ¿Estaría dispuesta a escuchar las mismas palabras que le dije a Keith? Usted tiene la capacidad de ser diez veces mejor sanada, que si hubiese estado siempre bien. La abundancia de su experiencia la hace rica. Úsela en las personas que están heridas. ¡Ellas lo necesitan tanto! Si Dios pudo usar el abuso infantil y las tragedias familiares, Él puede usar cualquier cosa. Usted no tiene que tener un ministerio de tiempo completo para que Él pueda llevar a cabo la clase de redención que describí anteriormente. La gente en su trabajo y en su vecindario están muriéndose por tener esperanza. Muriéndose por saber que hay un futuro. Muriéndose por saber que hay un Dios... y que Él está de su parte y no en contra de ellos.

No sabemos qué clase de ataque planea usar el enemigo en contra suya y en contra mía, pero en cada una de nuestras vidas Dios sólo ha permitido lo que Él sabía después de haberlo pensado detenidamente que podía ser usado para bien, para ayudar, hasta para salvar muchas vidas. Si estuviese dispuesta a dejar un legado de fe, algunas de esas vidas a las que ayudó bendecirán esta tierra después de que usted se haya ido. Las vidas que necesitan la clase de ayuda que puede dar la están rodeando ahora mismo. Cada una vale la pena.

Dios nos ha dado a Keith y a mí las hijas más comiquísimas. Son tan diferentes la una de la otra, pero la una es tan inteligente como la otra. El año pasado, Melissa estuvo en casa por unos cuantos meses desde que se acabó el colegio hasta que empezó la universidad. (Debo añadir que nos gustó mucho tenerla en el piso de arriba, lugar al que perteneció.) Tal vez es un poco ridículo decir que nunca puse un despertador en el cuarto de las muchachas cuando estaban creciendo. Tan tonto como esto puede sonar, yo quería ser la que las despertara. Quería que lo primero que escucharan fuera la voz de alguien que las quería mucho.

Bueno, Melissa había estado fuera de casa estudiando por la mayor parte de los cuatro años, pero como cualquier padre de un hijo adulto le diría, generalmente cuando regresan a casa no tardan mucho en deslizarse bajo las cobijas de la niñez. Al día siguiente de haber llegado, tenía que ir a algún lado así es que me pidió que la despertara «como lo hacías antes, mamá». Sí, claro que lo iba a hacer. Y lo hice. Una vez. Dos veces… seis veces. Siete y ella rehusaba despertar. Finalmente alcé la voz y ella respondió: «¡Mamá, ven para acá!» Alzó las cobijas de la cama, dio unas palmaditas en las sábanas y me dijo: «Ven y acuéstate aquí».

Yo me resistí. Después de todo, su cama era de agua y era muy baja, y la verdad es que no quería gastar mis energías descendiendo hasta el suelo para luego pasar otro rato de trabajo incorporándome. Tan testaruda como un buey, no dejó de insistir hasta que consiguió que me sentara en la cama. «¡No, mamá, acuéstate bien!» Lo hice. «Métete debajo de las cobijas». Lo hice. «Tápate». Lo hice. «Ponte la almohada justo debajo de la cabeza». Lo hice. «Siente la cama, mamá». Lo hice. ¡Ay! ¡Se sentía tan bien! Acostada a mi lado, exactamente con la misma postura, me miró y me dijo bromeando: «Ahora, ¿te gustaría levantarte de la cama como si fueras yo?»

He pensado en ese momento miles de veces. La vida es dura. La mayoría de nosotros tenemos razones para querer acostarnos y nunca volvernos a levantar. Usted ha pasado por sus cosas; yo he pasado por las mías. De una forma u otra, en un tiempo u otro, por una persona u otra, cada uno de nosotros ha sido lanzado a un pozo. La mayoría de nosotros podemos decidir seguir enfadados, amargados, con temor e inseguridad por el resto de nuestras vidas. La mayoría de nosotros podemos convencer a otros a que no nos echen la culpa por estar metidos en nuestros pozos. Pensamos que queremos que los demás se acuesten a nuestro lado y sientan lo que sentimos, y nos den permiso para permanecer allí. Pero si lo hacen, nos ayudan a convencernos de que nos sintamos en casa en la tumba prematura que Satanás cavó para nosotros. Están de acuerdo con nuestra muerte en vida.

Jesús bajó a estar con nosotros en nuestra tumba, se quedó allí por unos tres días, y luego salió... para que así nosotros tuviésemos el permiso de salir también. Y empezar a vivir la vida.

Amada, piense bien en esto: Si Dios permitió que la lanzaran a un pozo, usted no fue una víctima; fue una elección. Dios le confió ese sufrimiento porque Él confía en usted. Viva a la altura de lo que Él espera de usted. Viva bien alto.

ME SACÓ de la FOSA de la MUERTE

CAPÍTULO TRES

Cuando se resbala
en un pozo

Usted puede resbalarse y caer en él. Esta es la segunda manera en que puede hallarse dentro de un pozo. A diferencia del pozo en el cual somos lanzadas, nosotras nos metemos en este. Pero aquí está el truco: no fue nuestra intención. Lo que pasó es que no estábamos mirando a donde íbamos. Quedamos un poco distraídas por las cosas nuevas que estábamos viendo. El camino no se veía mal; sólo se veía nuevo. Excitante. Pensamos que todavía estábamos bien, pero de repente nos encontramos en un hoyo, con nuestros tobillos metidos en el lodo. El celular se había muerto y de pronto no teníamos ni idea de qué hacer.

Sí, usted se metió en ese pozo, pero definitivamente no estaba planeado. No era lo que quería. De hecho, nunca se le había ocurrido caerse en un pozo. De seguro no fue su intención que las cosas salieran de la manera en que sucedieron. No lo vio de antemano, pero ahora está en un hoyo.

Usted lo daría todo para que otra persona la hubiese echado en él, porque detesta ser la culpable. De hecho, al principio trató de pensar que fue la culpa de otra persona. Cualquiera. Pero después se encontró dentro del pozo lo suficiente como para que el sol del mediodía se plantara directamente sobre su cabeza, emitiendo la primera luz directa que había visto allí. Con los ojos entrecerrados y una mano sobre sus cejas, miró hacia arriba para ver las marcas de dos tacones familiares que dejaron surcos gemelos desde la boca del pozo hasta el fondo donde se encuentra de pie ahora. Se vuelve para ver la parte de atrás de sus zapatos, y en efecto, están cubiertos de barro endurecido. Ese sentimiento de náusea le dice que, sin importar quien estaba involucrado, nadie la empujó para que cayera en ese pozo. Y aunque no está segura cómo pasó, fue usted quien se metió aquí.

En estos instantes, me hubiese gustado estar sentada frente a frente con usted en el restaurante IHOP compartiendo nuestras historias. Si quiere que me sienta como en casa, yo pediría una *crêpe* de limón con un poco de jamón, y usted podría ordenar una tortilla de papas como le gusta a Keith. Pero no pediremos que nos sirvan café. Aquí tienden a hacerlo suave y hay un Starbucks al lado. Cuando estemos allí, hablaremos hasta la hora del almuerzo, y luego transferiremos nuestra conversación a un lugar cercano donde sirven las mejores enchiladas de queso de Houston. Estoy segura que usted podría ensanchar mi mundo considerablemente... y yo el suyo. No sobre comida, sino sobre *pozos*. Pero haremos eso en otro momento.

¿No hemos estado ambas en lugares a los que nunca tuvimos la intención de ir? ¿No podemos encontrar compañerismo en el sufrimiento de habernos resbalado en un lío tan terrible? Irónicamente, nada nos hace sentir más solas que estar en un pozo, pero aún así tenemos suficiente compañía subterránea como para desplazar a la sobrepoblación de ardillas de tierra del oeste de Texas y dejarlas sin techo por años. La cosa es que no puede ver a todos esos vecinos subterráneos por la pared propia que tiene en el pozo. En caso de que nadie que esté cercana a usted esté admitiéndolo, VOY A HABLAR ALTO. Lo que no tengo en conocimiento lo tengo en volumen. Después de haber recibido gracia, lo menos que puedo hacer es compartir algunas de las lecciones que aprendí de esos pozos.

La verdad es que no he estado en un pozo ya por un buen tiempo, pero en estos mismos instantes, tengo la oportunidad de regresar si quiero. No se preocupe. Yo no me preocupo. Sería muy fácil caer si yo quisiera. No se preocupe. No quiero. Sólo estoy diciendo que los bordes por donde estoy caminando son muy resbaladizos. Estoy lidiando con algunas experiencias negativas que me podrían poner allí en un abrir y cerrar de ojos. De hecho, yo pienso que Dios me ha designado para sentir el llamado del pozo exactamente durante el tiempo en que estoy escribiendo este libro para que así no tenga que depender totalmente de las memorias para obtener el contenido. Puedo usar mi experiencia actual e identificarme con usted.

Recientemente recibí una carta de una señora describiendo los obstáculos terribles que había tenido que enfrentar. Luego procedía a darme una lista de las cosas maravillosas que han pasado en mi vida y terminaba preguntándome cómo una persona como yo tenía la audacia de ofrecer consejos (por medio de estudios bíblicos) a alguien como ella. No me importó que preguntara. Es que ella no sabía. Dios me ha bendecido enormemente pero, para estar seguro, Él ha dejado algunos cardos y espinas en mi patio que han sido de ayuda para que no me sienta demasiado a gusto en medio de tanta belleza.

La hermana que me escribió estaba en lo cierto; ella la estaba pasando peor que yo. Pero yo he vivido lo suficiente como para saber que nadie la tiene fácil. Ni siquiera aquella dama que usa zapatos de 200 dólares y una cartera de 300. Ese bolso Prada en el hombro de alguien puede verse impresionante, pero todavía tiene basura por dentro. Cada persona lidia con un dolor secreto. Dolores privados. Algunos de esos dolores han persistido por un largo tiempo. Le respondí a la mujer tan gentilmente como pude y la incluí en mi propia lista. Voy a obviar los detalles no muy buenos, si usted promete confiar en que sí tengo una lista.

Por cualquiera que sea el motivo, recientemente la mayoría de las cosas en mi lista decidieron ponerse de pie y hacerse oír, todas al mismo tiempo. He aprendido por el camino que cuando Satanás hace las veces de camarero, prefiere servir tragos combinados. Usted sabe lo que quiero decir. Cocteles de problemas. Si toma uno a la vez, usted puede seguir caminando derecho. Si los mezcla todos juntos, la pueden dejar dando vueltas.

En una sola ocasión en mi edad adulta me dejé atrapar en una temporada de desesperación total. Fue años atrás cuando enfrenté mi pasado por primera vez. Recientemente he sido tentada a hacer lo mismo. Tentada a tomar un descanso y parar de pelear la buena batalla. Tentada a sentarme sobre mis dificultades, llorar «ay de mí», y revolcarme por un rato. Pero sé que hay algo mejor que eso. Ya sé que si caigo en la tentación, no va a ser un tiempo corto de lamentos. Satanás me tiene registrada en un motel de larga estadía, en el cual soy propensa a resbalarme desde el mostrador de recepción a un agujero negro en menos de un segundo. No. No me voy a meter en ese pozo. Pero sólo digamos que lo puedo ver desde donde estoy parada.

Todo empezó con un problema de salud que duró por meses y me afectó físicamente. Finalmente el problema se resolvió, pero no sin hacerle unas alteraciones forzadas a mi calendario irracional. Entre otras cosas, tengo que admitir mis limitaciones y dejar de hacer algo que me gusta muchísimo. Tuve que renunciar a la clase en la cual yo enseñé por veintidós años. Todavía me gustaría estar amargada por ello, pero le temo mucho a Dios. Él me está tratando de ayudar, y si no dejo que lo haga, soy propensa a trabajar hasta caer en una tumba prematura.

Tal vez como usted, yo también tengo una situación relacional a largo plazo que periódicamente, y a veces regularmente, me causa mucho dolor. Siempre planeo lidiar con ésta de una mejor manera, pero se me olvida cuán doloroso va a ser el proceso. Como todos nosotros, quiero que la situación a largo plazo se arregle de una vez por todas, pero en cambio, se queda allí como una verruga en la piel de una rana.

Esta analogía puede que parezca como una comparación hecha al azar, pero he estado pensando en ranas últimamente. Nosotros vivimos cerca de una laguna, que tiene un coro descomunal de ranas verdes que cantan a voz en cuello. Alguien debió haberle echado esteroides al agua, porque estas ranas son enormes. No es exageración imaginarlas del tamaño de King Kong. El otro día Beanie encontró una muerta y la enterró en el patio trasero. En vez de descomponerse como debería, esa cosa horrible pareció haberse petrificado. Beanie sigue sacándola y enterrándola una y otra vez. Me está volviendo loca.

Así es mi desafío relacional. Justo cuando pienso que lo que está causando el dolor finalmente está muerto y enterrado, alguien lo saca. Cuando estoy teniendo un buen día, sé que Dios me lo ha dado con el propósito de pulirme, de enseñarme a cómo ser humilde y de quebrantarme donde aún necesito ser quebrantada. Me mantiene de puntillas y de rodillas al mismo tiempo. Cuando estoy teniendo un mal día, como Proverbios 13.12 dice: «La esperanza frustrada aflige al corazón».

A primera vista, podremos ser tentadas a pensar que un pozo de desesperación no es un pozo de pecado, pero el apóstol Pablo no estaría de acuerdo. Él dice que aquellos que tienen el incomparable poder de Dios en sus pobres vasijas de barro son «atribulados en todo, pero no abatidos». Tal vez estemos perplejos, pero no desesperados. Quizá nos «derriben», pero en el poder de nuestro Cristo que mora dentro de nosotros, definitivamente que no somos «destruidos» (vea 2 Corintios 4.8-9). La desesperación no es sólo tristeza. No es un dolor saludable. Es estar sin esperanzas. Los que tenemos a Cristo poseemos la esencia, nos convertimos en la personificación de la esperanza (vea Romanos 15.13). Desesperación significa que hemos creído el reporte del malvado en vez del de Dios.

Como decía mi abuela, a veces necesitamos darnos un buen sermón a nosotras mismas. Necesitamos hablarnos directo al alma donde reside el problema y decirnos algo como esto:

¿Por qué voy a inquietarme?

¿Por qué me voy a angustiar?

En Dios pondré mi esperanza

y todavía lo alabaré.

¡Él es mi Salvador y mi Dios!

(Salmos 42.5)

Si no ponemos nuestra esperanza en Dios, podemos convencernos y llevarnos a nosotras mismas directamente a un pozo. En los últimos veinte años de ministerio, mis oídos han tenido conocimiento de al menos mil viajes al pozo. Tan horrible como puede ser que alguien la eche en un pozo, la gente nunca parece estar más frustrada y desatada como cuando su deslizamiento en el pozo fue causado por su propia ignorancia e insensatez. En medio de las consecuencias agonizantes, se angustia por lo que pudo haber evitado. ¡Muchacha, cómo conozco yo ese sentimiento!

Para ayudarle a guiar sus pensamientos en la dirección correcta, le voy a dar un puñado de ejemplos de las formas en que usted puede deslizarse en un pozo. Tenga en mente que una persona no tiene que irse a los siguientes extremos para quedar en un pozo. Recuerde que todo lo que un pozo requiere es que usted se sienta estancada, que sienta que no se puede enfrentar efectivamente a su enemigo, y que su visión vaya disminuyendo lentamente. En el capítulo anterior hablamos acerca de las complicaciones de ser lanzada a un pozo. Puede ser aún más complicado cuando en vez de ser lanzadas, nosotras mismas nos echamos al abismo. Deslizándonos. Fíjese si uno de los ejemplos a continuación se parece al de usted:

- Sólo quería controlar su peso. Definitivamente no era su intención quedar con un trastorno alimenticio. Todavía nadie lo sabe. O al menos eso es lo que usted cree. Espera que piensen que sólo es muy disciplinada. También espera que pueda parar cuando piense que está lo suficientemente delgada... por suficiente tiempo.

- Usted sólo quería pedir prestado el dinero y pagar cada centavo que debía. Sólo necesitaba un poquito de tiempo porque estaba un poco escasa de efectivo. El interés estaba alto, pero usted estaba prosperando. Digo, una persona tiene que tener ciertas amenidades. Usted nunca tuvo la intención de quedarse con una montaña de deudas que la echarían a la bancarrota.

- Usted sólo necesitaba aliviarse del dolor de espalda que tenía para poder trabajar. Para poder disfrutar de su familia otra vez. No fue su intención quedar con una adicción a los analgésicos.

- Pensó que finalmente se había encontrado una buena amiga. Su alma gemela. Lo último que hubiera pensado era desarrollar una relación lesbiana. No se le había ocurrido eso para nada. El deseo más sincero de su corazón era el de ministrarle a esa persona. No estaba buscando el enredo más grande de su vida. ¿Cómo se sale de eso ahora? Sabe que no es saludable, pero detesta mucho herir a esa persona. Después de todo, por un tiempo le funcionó a usted tanto como le funcionó a ella. Ahora la está sofocando.

- Usted sólo estaba haciendo negocios. Digo, en el mundo allá fuera hay una competencia brutal y sucede que a usted eso no le molesta. Claro que sabía que el acuerdo estaba un poco «dudoso», pero lo consideró como una financiación creativa. Definitivamente nunca fue su intención comparecer en el estrado tratando de evitar ir a la cárcel.
- Su intención fue tener un romance maravilloso. Después de todo, usted había esperado tanto tiempo mientras veía a muchas otras personas enamorarse. Era su turno. Sólo quería estar cerca. Planear un futuro con él. No fue su intención meterse en la cama con él y ahora parece que no se puede salir.
- Su intención sólo era ayudar a su hijo adolescente a salirse de unos cuantos problemas. Usted tenía la esperanza que cada uno de ellos iba a ser el último. Él se veía tan arrepentido cada vez, tan sincero de nunca más hacer algo así. Todo el mundo necesita segundas y terceras oportunidades. No le dijo al papá porque su hijo le rogó que no lo hiciera. De todas maneras, usted pensó que las cosas iban a salir bien. Ahora, él está en un tremendo lío... y usted tiene ese mal presentimiento en su alma de que usted ayudó a su hijo a que se metiera en él.
- Su intención fue sólo coquetear. Parecía ser inofensivo. Él se veía felizmente casado y usted también lo estaba. Todo era

una diversión, así pensó usted. Ahora está en el enredo más grande de su vida.

◎ Su intención sólo era tener un poco de privacidad. Ya había compartido suficientes cuartos y apartamentos. Usted quería estudiar. Quería oírse pensar. Nunca se imaginó que estando sola la iba a dejar sintiéndose lo suficientemente solitaria como para buscar compañía a través de la Internet. Ahora ha llegado a un lugar donde no tenía la intención de ir, y al parecer no puede parar.

De las tres formas de meterse en un pozo, pienso que la que detesto más es cuando una se mete sola en él. Detesto lo tonta que una se ve. David también lo detestaba. Sentía empatía con su dolor al ver la locura que lo llevó a una condición tan baja.

Mis maldades me abruman,
  son una carga demasiado pesada.
Por causa de mi insensatez
  mis llagas hieden y supuran.
Estoy agobiado, del todo abatido...
Ante ti, Señor, están todos mis deseos;
  no te son un secreto mis anhelos.
Late mi corazón con violencia,
  las fuerzas me abandonan,
  hasta la luz de mis ojos se apaga...
Tienden sus trampas los que quieren matarme...

Soy como los que no oyen
ni pueden defenderse.
Yo, SEÑOR, espero en ti;
tú, Señor y Dios mío, serás quien responda.
Tan sólo pido que no se burlen de mí,
que no se crean superiores si resbalo.
Estoy por desfallecer;
el dolor no me deja un solo instante.
(Salmos 38.4-6, 9-10, 12, 14-17)

Las trampas ya están armadas. Los pies se resbalan. Detesto ver cómo el enemigo usa la culpabilidad en cuanto a cómo una se metió en un pozo para así atraparla y hacerle creer que nunca va a poder salir de allí. Escúcheme claramente: Usted no puede dejar que él se salga con la suya. Póngase en la mente ahora mismo que quedarse en el pozo es absolutamente inaceptable. No lo tenga como una opción. No importa cuán responsable y culpable se sienta por haberse resbalado adentro, Dios quiere que salga. Si conoce a Cristo personalmente, usted no está atrapada. Usted tiene el poder para enfrentar a su enemigo.

Dios todavía tiene una visión para usted. No importa dónde haya estado, la intención total que tiene Dios para usted es que viva efectiva (vea Juan 15.8) y abundantemente (vea Juan 10.10). Él la ama mucho, y el hecho de que usted haya cometido torpezas no disminuye su amor ni una onza. Esta vez, en lugar de darse un sermón, use su boca para hablarle a Dios. Diga las mismas palabras que dijo el salmista cuando exclamó:

No bien decía: «Mis pies resbalan»,
    cuando ya tu amor, SEÑOR, venía en mi ayuda.
Cuando en mí la angustia iba en aumento,
    tu consuelo llenaba mi alma de alegría.
(Salmos 94.18)

Si usted no empapa su cerebro con la verdad de que está absolutamente segura en el amor inalterable de Dios, nunca se va a sentir que tiene el derecho de salir del pozo. Satanás la mantendrá en terreno resbaladizo. Cuando quiera salirse del pozo, tendrá una excelente oportunidad para ver la gracia de Dios como nunca la ha visto. Deje que la bondad de Dios la sostenga y pídale a Él que haga que sus consuelos sean su deleite.

En algunos de los próximos capítulos vamos a ser más específicos en cuanto a cómo salirse del pozo, pero por ahora quiero que usted se concentre en un regalo que puede sacar cuando salga. Piense en él como un premio. Un diamante en bruto. Su saqueo del pozo. En cada uno de los escenarios que mencioné anteriormente, Satanás usó la ignorancia para hacer que la persona se acercara lo suficiente a la boca del pozo como para resbalar y caer en él. Uno de los regalos más invalorables que podemos sacar de nuestro pozo es un nuevo conocimiento. Dicho de manera sencilla, podemos ser mucho más inteligentes al salir que cuando entramos. Ya no somos inocentes, pero tenemos la oportunidad ante nosotras para cambiar nuestra inocencia por integridad. Si estamos dispuestas, podemos salir del pozo conociendo la agenda de Satanás.

También podemos sacarle los trapos sucios a él con cualquiera que nos quiera escuchar. Eso es lo que estoy tratando de hacer. Cuando las Escrituras hablan acerca de las conspiraciones del diablo, hablan de un programa muy artificioso basado en un plan ejecutado paso a paso (vea Efesios 6.10-12). Aunque él confeccione los detalles para que estén de acuerdo con las debilidades individuales, creo que el plan básico de Satanás se mantiene invariable.

Distracción ➔ Adicción ➔ Destrucción

La meta definitiva de Satanás es cosechar destrucción, pero rara vez es ese su punto de partida. Su apertura usual es la distracción. Las Escrituras tienen un nombre para una pequeña distracción que se convierte en una gran distracción. Se llama: *fortaleza*. Las Escrituras la definen como «toda altivez que se levanta contra el conocimiento de Dios» (2 Corintios 10.5). Todo lo que se convierta en una preocupación más grande en su mente que la verdad y el conocimiento de Dios, cualquier cosa que aminore su verdad y conocimiento en su imaginación, es una fortaleza. En otras palabras, si tengo una relación en la cual ya no puedo priorizar a Cristo y a su Palabra, Satanás está tratando de construir una fortaleza. Si controlar lo que como ya no es un medio para mejorar la salud, y en lugar de eso se ha convertido en una gran preocupación, Satanás está tratando de construir una fortaleza. Si una relación con alguien del mismo sexo está tomando una dimensión de celos usualmente limitada a un romance entre un hombre y una mujer, Satanás está tratando de construir una fortaleza.

¿Ve lo que le quiero decir? Él no tiene ninguna intención de permitir que el nuevo enfoque permanezca como una simple distracción. El siguiente paso es la adicción. Verá usted. Una fortaleza es algo que *tenemos*. Un pozo es donde *vivimos*... aunque sólo sea por un tiempo. Una adicción es una forma muy efectiva de hacer que algo que usted tiene (un problema inducido por el pecado) se transforme en el lugar donde usted vive (un pozo inducido por el pecado). La derrota se convierte en un estilo de vida. En Efesios 4.18-19, el apóstol Pablo les dio una advertencia fuerte a los creyentes a que ya no fueran como aquellos que «a causa de la ignorancia que los domina y por la dureza de su corazón, éstos tienen oscurecido el entendimiento y están alejados de la vida que proviene de Dios. Han perdido toda vergüenza, se han entregado a la inmoralidad, y no se sacian de cometer toda clase de actos indecentes».

Lo que es cierto en el campo de la sensualidad es equivalentemente cierto en todas las otras áreas de un pecado repetitivo. Pronto, el nivel de satisfacción perderá su sensitividad. Y necesitaremos más. Y luego un poquito más. Al hacer eso, quedamos envueltos en un ciclo furioso de lujuria continua. Eso, mi amiga, es una adicción.

Mire las Escrituras nuevamente, porque no quiero que pierda de vista el hecho que todo comenzó con la ignorancia. Aún las personas descritas en este versículo, tan rebeldes como pudieron haber sido, se metieron a un pozo que fue más allá de su intención original. Una persona puede ser adicta a sustancias, comportamientos y a relaciones. (Muchas de nosotras hemos aprendido muy dolorosamente que las adicciones emocionales pueden ser tan abrumadoras como las adicciones físicas.) Satanás es petulante en cuanto a su progreso al llegar a este punto, pero recuerde que la adicción no es su meta. La destrucción, sí. Él quiere destruir nuestras vidas, nuestros llamados, nuestro sentido de importancia ante Dios, nuestra intimidad personal con Él y todas las relaciones que son importantes para nosotros. Él no lo hace todo al mismo tiempo aunque su plan malvado es obvio. El movimiento hacia la destrucción es progresivo, de un paso pequeñito a otro pequeñito en incrementos que usted ni se da cuenta.

Satanás es un experto en lo que hace, pero tiene límites. Escuche cuidadosamente: Si usted le pertenece a Cristo, Satanás no *la* puede destruir. Lo más que Él puede hacer es convencerla de que está destruida. No, amada, usted no lo está. No importa lo que haya pasado. No importa lo insensata que haya sido. No importa cuán lejos haya ido. Avívese. El enemigo le está mintiendo. Sí, tal vez le haya ocasionado pérdidas tremendas. Él me hizo eso a mí. Tal vez hasta le haya destruido su trabajo y quebrantado unas relaciones preciosas, al menos por ahora. Pero de las misericordias inconmensurables de Dios, lo que usted va a ganar si está dispuesta a levantar sus manos vacías hacia Él, es increíble.

Para estar consciente del plan progresivo de Satanás, tenemos que discernir las señales tempranas de advertencia de una distracción peligrosa y estar vigilantes. Mire otra vez la lista de los escenarios de pozos resbaladizos que le di anteriormente. Por ejemplo, tome los primeros cinco. Controlar su peso no es un pecado. Conseguir un préstamo no es un pecado. Buscar alivio de un dolor físico crónico que le está robando la calidad de vida no es un pecado. Tampoco es un pecado hacer buenas amistades. ¿Y puede haber algo que Cristo más desee que ministremos a otros? En algún momento en cada uno de estos casos, Satanás sacó provecho de un área de ignorancia y desvió algo saludable hacia una zanja profunda.

Mi hija Amanda tuvo una buena amiga en la universidad a la cual yo quiero tanto como la quiere ella. Michelle no sólo ama a Dios con todo su corazón, sino que puede hacerle bromas buenas y limpias como nadie que yo he conocido. Cuando estaba en la universidad en Texas seis años atrás, ella vivía con unas amigas en un apartamento no muy lejos de otras cuatro compañeras. Le pareció que la credulidad de estas vecinas era tan encantadora, que ella y sus compañeras hicieron un plan. Empezaron sacándoles cosas pequeñas del apartamento. Adornitos, floreros pequeños y cosas así. Tal y como lo esperaban, ellas no lo notaron. Pronto pasaron a cosas mejores y más grandes: fotos, arreglos florales, etcétera. Nuevamente, ni una sola palabra. Ay, la diversión había empezado. Un día les sacaron un cuadro de la pared. Michelle se ríe de oreja a oreja cuando se acuerda haber salido con una de las sillas de su cuarto de desayuno cuando aún estaban allí. Las víctimas nunca dijeron ni una palabra.

Emocionadas por la victoria, Michelle y sus compañeras de cuarto pronto invitaron a sus vecinas a que vinieran a comer con ellas. La decoración estaba arreglada para que ellas se sintieran como en casa. Cada adornito estaba allí. Cada cuadro estaba a la vista. El arreglo floral estaba en la mesa. ¿Y al final de la mesa? Ah, sí, la silla.

¡Ay, el gozo de la victoria! Nos reímos hasta decir basta cuando Michelle describió las caras que pusieron sus amigas cuando se prendió la luz. Sus ojos iban de una cosa a la otra, como la bola de acero de la máquina de flíper. Se miraron las unas a las otras y luego a sus anfitrionas, y dijeron, enojadas: «¡Oye, eso es mío!»

Esto debe ser encantador. Hasta que alguien que la odie se lo haga. Alguien poderoso. Alguien siniestro. Alguien que lo hace para ganarse la vida... y lo hace bien. Usted y yo tenemos que estar vigilando las artimañas del enemigo cuando él nos quite el primer adornito. Necesitamos discernir desesperadamente cuando nuestras almas reciban el primer golpe y hacer un ajuste de inmediato. Por ejemplo, cuando usted se da cuenta de que una relación que acaba de empezar va a ser peligrosa y destructiva, se puede salir antes de que se hagan más cercanas. O si se da cuenta de que su trabajo la pone en una posición virtualmente indetectable para usar el dinero, y ahora mismo está en una situación financieramente vulnerable, establezca salvaguardas y automáticamente sea responsable ante alguien. Viva en la luz. No practique inocencia solamente. Practique integridad.

La última cosa que Dios quiere es que usted y yo vivamos en temor. Indudablemente «el que está en ustedes [el Espíritu Santo] es más poderoso que el que está en el mundo [Satanás]» (1 Juan 4.4). No queremos temer pero debemos estar alertas. Si está en Cristo, usted tiene un sistema de alarma por dentro. El Espíritu Santo en nosotros, si no lo apagamos, Él nos dirá de antemano cuando empecemos a encaminarnos hacia un problema. Él también nos dirá si debemos ser cautelosos exactamente donde estamos o si debemos alejarnos por completo de allí.

Unas cuantas semanas atrás, mi amiga Vicky se estaba alistando para ir al trabajo cuando oyó sonar a un bíper en algún lugar de su casa. Pensó que era el de su esposo. Sabía que él estaría en problemas sin él, y empezó a buscarlo. El sonido era tan fuerte que estaba segura que estaba en el cuarto donde ella se encontraba, pero no logró ubicarlo. Buscó debajo de los cojines del sofá y de sus sillas. Miró detrás del televisor. Buscó por todos lados en un cuarto y luego miró en otro. No importaba a donde fuera, el sonido era el mismo. No «estoy cerca», no «estoy lejos». Sólo un sonido fijo. Imagínese lo sorprendida que quedó cuando finalmente se dio cuenta que el sonido estaba saliendo de adentro de ella misma. ¿Qué pasaba? La batería de su marcapasos se estaba agotando y eso era lo que hacía sonar una alarma. Vicky ni siquiera sabía que el marcapasos tenía una alarma.

Tal vez usted no sabe que también tiene una alarma, pero la tiene. Cuando suena, usted tiene que aprender a escucharla. Quizá la parte más difícil sea que no siempre va a entender por qué está sonando, por qué Dios le está dirigiendo a que salga de la situación o de la relación. Tal vez la advertencia no tenga humanamente ningún sentido. Cuando esto suceda, ¡cuídese de no racionalizarse a sí misma hasta meterse en un pozo! Esté al tanto de lo que el Espíritu Santo le esté diciendo aún cuando no sepa por qué. Quizá continúe viviendo por años sin un claro entendimiento, pero puede alabar a Dios por fe, sabiendo que él hizo que virara su auto hacia una dirección diferente para protegerla de alguna clase de zanja.

Otra forma en la cual puede reconocer que Satanás está trabajando es que se empieza a sentir acorralada en una esquina. Lamentablemente, esta no es una señal temprana, pero usualmente puede ser una señal segura. Es irónico cómo Satanás trata de vendernos la filosofía de que Dios quiere aplastarnos y limitarnos y que como Él, nosotros deberíamos poder hacer lo que quisiéramos. La serpiente deslizó esa filosofía dentro del Jardín. Satanás promete espacios bien abiertos, pero cuando cedemos, nos acorrala y nos empuja hacia un pozo.

Si una nueva relación u oportunidad está causando que se sienta atrapada o acorralada en una esquina, puede que Dios le esté avisando que Satanás está allí. Dios nos dice qué hacer y qué no hacer, pero siempre en pos de la libertad. Salmos 18.36 dice lo siguiente acerca de nuestro Dios: «Me has despejado el camino, así que mis tobillos no flaquean». Satanás nos acorrala en una esquina en terreno resbaladizo, estratégicamente cerca del pozo más cercano. Dios hace que nuestros pasos sean más grandes, haciendo posible que podamos ver un pozo desde una distancia mayor, para que así no tengamos que vivir en el constante temor de caer en otro.

Nada me da más gusto que una de nuestras hijas comparta alguna cosa que Dios le haya estado diciendo. Uno de los ejemplos favoritos de esto salió de un desastre cercano. Cuando Melissa estaba en su último año de la secundaria, Satanás conspiró en contra de ella y la guió hacia un pozo. Ella estaba delgada y medía una preciosa talla seis antes de que una serie de incidentes tristes le provocaran una profunda tristeza. Perdió el apetito y bajó a una talla dos. En un momento hasta pudo usar una talla cero. Que conste, ella medía un metro setenta y dos centímetros. (A propósito, mientras más delgada se ponía, más aprobación recibía de sus compañeros.)

La pesadilla no empezó con un problema relacionado con la comida, pero terminó siéndolo. Keith y yo estábamos aterrorizados. De más está decir que buscamos a Dios con todo lo que teníamos. Recibimos buenos consejos, le aplicamos las Escrituras y luchamos ferozmente con el enemigo. Estoy tan agradecida que Satanás no la llevó cerca de la meta a la que él había planeado llevarla. Después de unos cuantos meses espantosos, llegó a un punto en que quería salirse de ese pozo. Así es que clamó a su Dios sin cesar, y Él vino a su rescate. Melissa salió de ese pozo con un regalo. Ella no podía dejar de leer la Palabra de Dios. Su boleto de partida quedó siendo su deleite. Las Escrituras que para algunas personas parecen ser tan viejas y familiares como una bata de baño que se usó demasiado, para Melissa adquirieron nueva vida.

Un día me llamó por el celular y me dijo: «¿Estás lista para esto?» En esos días, ese tono estaba limitado enteramente a una revelación reciente que le había llegado. Me sonreí, me eché hacia atrás en la silla y le contesté: «Dale».

«Mamá, ¿sabías que Dios dispone ante mí un banquete en presencia de mis enemigos?» Era obvio que la nueva pasión que encontró la había llevado al salmo 23. «Y oye esto», rebosaba de emoción, «¡Él obliga a mi enemigo a estar presente y ser testigo cuando unje mi cabeza con aceite!» El enemigo había conseguido esa bendición para Melissa. Y ella estaba emocionada con la perspectiva de ser ungida con aceite enfrente de él.

Amada, escuche un minuto. Dios dispone también un banquete para usted en presencia de su enemigo. ¿Y sabe qué? El lugar puede estar decorado con cada adornito, jarro, arreglo floral y fotos que Satanás le haya robado. Siéntese en esa silla, aquella que él se llevó ante sus propios ojos. Y no se levante mientras Dios no la unja con una abundancia del Espíritu Santo, ese Espíritu que sólo viene a aquellos que lo ansían profundamente. Y lo hará enfrente de su enemigo.

Véalo de esta forma: El hecho de que usted esté leyendo este libro, o cualquier cosa como esta, revela que Satanás no logró llevarla cerca del lugar que él había planeado. Cuando se deslizó en ese pozo, usted entró a un lugar al cual no tenía la intención de ir. Ahora va a ir a un lugar donde *Satanás* nunca tuvo la intención de llevarla. No pare hasta que el enemigo se arrepienta de haberse metido con usted.

FUERA del PANTANO, LODO y del

CAPÍTULO CUATRO

Cuando salta a un pozo

Usted puede saltar a él. Esa es la tercera y última forma en que puede quedar dentro de un pozo. Antes de saltar, usted puede estar muy consciente de que lo que está a punto de hacer es malo, hasta probablemente insensato. Pero por cualquier motivo, el deseo de querer hacerlo excede el buen sentido de no hacerlo. A diferencia de la segunda forma de meterse en un pozo, usted no se deslizó adentro antes de saber qué estaba pasando sino que tuvo tiempo para pensar, y luego hizo exactamente lo que tuvo la intención de hacer aún si el pozo era más profundo y las consecuencias más serias de lo que esperaba.

No empiece a retorcerse y a pensar que le voy a hablar en un tono condescendiente. Créame, yo he saltado en unos cuantos pozos. Basándome en los resultados de los grupos que mencioné en el capítulo uno, le puedo asegurar que la mayoría de la gente lo ha hecho. Si yo le hiciera a usted las mismas preguntas, es muy probable que también levante la mano afirmando las tres formas de cómo caer en un pozo. Sí, en algún momento en nuestras vidas, nos han lanzado dentro de un pozo. En otro, nosotros mismos nos hemos deslizado adentro. Y aún en otro, nos armamos de valor, apuntamos, saltamos en un pozo y dimos directamente en el blanco.

A lo largo de todo este capítulo quiero que tenga en mente que yo viví gran parte de mi vida yendo de un pozo a otro. He viajado muchas veces y de las tres maneras. Donde quiera que usted haya estado, probablemente he estado allí también. Nuestros caminos hacia ese pozo y el tiempo de permanencia tal vez hayan sido diferentes, pero no creo que usted haya llegado más profundo que yo.

Sería una hipócrita si le hablara con aires de suficiencia pero me gustaría pedirle permiso para hacerlo de una forma directa. Si no le digo las cosas como realmente son, usted va a dejar de escuchar lo que tengo que decirle, así como ha dejado de escuchar a muchos otros que le han dicho lo mismo, pero a quienes ignoró. Yo sé como es eso.

Una pared tan delgada como una papita frita separa mi escritorio del de la oficina del ortodoncista que queda al lado. Él es el que me ayuda a controlar la propensión a morder tan fuertemente que tienen mis dos dientes de adelante. Una vez tuve el peor caso de dientes de conejo en el mundo, así que aprecio enormemente a un buen ortodoncista. Y aprecio a su personal. De hecho, prácticamente conozco las historias enteras de sus vidas porque el sonido se escucha claramente a través de esas paredes, como si estuviesen hablando en mi propia oficina. Si uno de ellos se llegara a meter en algún problema legal, yo perfectamente podría servir como testigo de buena conducta. Aunque son un poco negligentes en actualizar los vídeos con instrucciones para sus pacientes, puedo dar fe de su integridad. Las mismas instrucciones para usar y cuidar sus frenillos han pasado por las paredes tantas veces que podría recitarlas línea por línea. Día tras día, el vídeo sigue y sigue hasta que empiezo a cabecear y de repente me despierto por mis ronquidos. Sé de lo importante que es limpiarse los dientes correctamente con hilo dental cuando se tiene frenillos. Sé de la peligrosa tendencia a la acumulación de comida en los dientes de arriba. Sé exactamente dónde poner las ligas y qué pasa si no se hace. Conozco los beneficios de los aparatos de ortodoncia que se usan sobre la cabeza y cómo estos pueden acortar el tiempo que se tienen que usar los frenillos. Y ya no me importa. De hecho, estoy tan aburrida que tiraría mi retenedor al viento, excepto que no lo haría por temor a que mis dientes vuelvan a ser de la misma forma en que estaban antes por lo que derramaría mi café cada vez que tomara un sorbo.

Sé lo que pasa cuando uno escucha la misma cosa siempre y de la misma manera. Así que usted no va a conseguir de mí la misma repetición sobre mordedura profunda. Voy a tratar un método diferente. Si no me importara, me ahorraría el tiempo. Después de todo, por naturaleza soy una persona que le gusta satisfacer a la gente. La cosa es que ahora sé qué fue lo que necesitaba en mis propios tiempos cuando andaba saltando de pozo en pozo, y pocas personas en mi vida tuvieron el valor de darlo. Y también da la casualidad que sé que si saltar en un pozo es su *modus operandi*, usted probablemente es lo suficientemente cínica como para no respetarme si no le digo las cosas tal y como son.

De hecho (y recuerde, todavía estoy hablándole directamente, no con aires de superioridad), si ya se ha confirmado que usted es una saltadora de pozos, probablemente tenga un problema muy serio de autoridad. Perdone mi sicología no profesional, pero pienso que su figura de autoridad primordial era o es un pelele o un fraude. Dios no es ninguno de los dos. Él sabe qué necesita hacer para que usted preste atención, y está dispuesto a hacerlo. Créame. Yo sé esto por experiencia propia. También sé los juegos que jugamos los unos con los otros al ofrecer excusas por nuestras enormes inconsistencias. Especialmente nosotras las que siempre vamos a la iglesia. Así que, si no le molesta, vamos a ahorrarnos el decoro inútil y voy a ir directo al punto.

Cuando ya todo está dicho y hecho, usted, como yo, probablemente hace lo que hace porque quiere. Y va saltando de pozo en pozo porque le gusta. No, no estoy diciendo que le guste el precio que tiene que pagar pero, como todas las vacaciones, un buen viaje vale la pena. Se ve bien. Se siente bien. O sabe bien. La cosa es que no dura lo suficiente, y es por eso que regresamos y emprendemos el otro viaje.

Quédese conmigo, querida. Seguro que sabe que se necesita una para conocer a otra. La única razón por la que no me quedé en el pozo es porque, después de muchas advertencias, Dios me lanzó tantas consecuencias devastadoras del pecado y de las emociones enfermizas que casi me mata. De hecho, sí mató lo que yo era antes. Como dice Job 33.29-30:

> Todo esto Dios lo hace
> una, dos y hasta tres veces,
> para salvarnos de la muerte,
> para que la luz de la vida nos alumbre.

Dios me trajo a un lugar donde yo estaba dispuesta a hacer cualquier cosa para salirme del pozo y para que todo se quedara por fuera. Salirme del lodo y del fango, y poner mis pies sobre la roca pasó a ser lo que yo quería más que nada en este mundo. Si usted tiene la misma tendencia a ir saltando de pozo en pozo, deseo más que nada convencerla para que clame a gritos por su liberación antes de que llegue al punto al que yo llegué. Antes de que su mundo, como usted lo conoce, se derrumbe. Alabado sea Dios, Él es el que reconstruye las ruinas, pero seguramente hay maneras más fáciles de conseguir una casa nueva que dejar que un tornado emocional rompa en pedazos la casa vieja.

¿Recuerda el viaje por carretera que le conté en el capítulo uno? El mapa de Keith nos guió por un tiempo a través de la esquina noroeste del gran estado de Nebraska. Era a primeras horas de la tarde, y sabíamos que el clima no se veía muy bien. Pero nosotros somos de la costa donde las tormentas vienen y van tan regularmente que, a menos que sea una mala, casi no lo notamos. No habíamos parado por varias horas y finalmente vimos un letrero que decía que nos aproximábamos a un lugar de descanso. Ambos, Keith y yo necesitábamos descansar desesperadamente.

Cuando paramos, empecé a buscar las correas porque no tenía dudas de que Sunny y Beanie también necesitaban descansar. El viento estaba soplando tan duro que cuando abrí la puerta del auto se fue hacia adelante con una fuerza que temí que doblaría las bisagras. El área de descanso para las mascotas estaba a una distancia lamentablemente larga, y Beanie, que es el perro más temeroso que jamás haya conocido, tuvo tanto miedo que no podía descansar. Sunny, en cambio, le hizo frente a un viento huracanado tan fuerte que como que se le salieron los ojos de órbita y se le alisó el pelaje hasta que parecía un luchador de sumo con una cola de caballo muy apretada.

Esto me causó tanta preocupación que tuve que meter a los perros nuevamente en el vehículo y reducir el tiempo de descanso.

«¡Vaya! ¡Vaya! ¡Hay suficiente viento en Nebraska! ¿eh?», dije al treparme otra vez en el auto y ponerme el cinturón de seguridad.

Habríamos manejado sólo un minuto cuando Keith, con los ojos tan abiertos como un gato montés, dijo: «Lizabeth, ¡mira para atrás!» Me volví y vi justo sobre la carretera una nube enorme en forma de embudo entre el área de descanso y nosotros. Estábamos sobre tierra firme. Y también el acelerador. Sí, tomamos nuestro acostumbrado café esa tarde, pero realmente no lo necesitábamos. Créame, ya no estábamos viajando con el piloto automático mental. Estábamos completamente despiertos.

¿Qué me diría si se despertara hoy de un piloto automático de malas decisiones? ¿Y si un tornado doméstico tuviese que resoplar y derribar su casa para conseguir su atención? ¿Y si, antes de que la parte de abajo se cayera, usted tuviera que responder a una voz en el desierto diciéndole: «¡Pare eso!» (Vea Isaías 1.16) ¿Y qué si esa misma voz, la única que importa, estuviera dispuesta a decirle cómo parar? Eso puede pasar. De hecho, si estuviésemos dispuestos a dejar que sucediera, lo haría. Dios en su entrañable misericordia nos da muchas advertencias haciendo posible que evitemos pozos, pero el problema con nosotros los saltadores de pozos es que no queremos escuchar esas advertencias. Queremos lo que queremos. Así que nos metemos los dedos en los oídos antes de saltar.

¿Qué es lo que nos impulsa a hacer cosas como esa? De todas las formas de meterse en un pozo, saltar en él es la más grave y peligrosa,

¡ay, si tuviese una palabra más fuerte! llena de *consecuencias*. Verá, para Dios el motivo es muy importante. Y el carácter también lo es. Primordialmente, su carácter, para emular para lo que fuimos creados. Y Él no puede ser burlado. La misma parte de las Escrituras donde nos dice que Dios no puede ser burlado, está estratégicamente centrado en el contexto de cosechar lo que se ha sembrado (Gálatas 6.7-9). No podemos engañarle escondiendo nuestros motivos internos. Dios mira atentamente no sólo lo que hicimos, sino cómo lo hicimos, pero también *por qué* lo hicimos. La Biblia dice que, a diferencia de las personas, Dios no se fija en las apariencias. Él se fija en el corazón. 1 Crónicas 28.9 dice: «... el Señor escudriña todo corazón y discierne todo pensamiento».

¿Quiere escuchar algo irónico? Este mismo aspecto de Dios (su omnisciencia) que ayuda a salvar nuestros pescuezos escuálidos cuando nos hemos resbalado en un pozo (no fue nuestra intención hacerlo), casi nos ahorca cuando saltamos a él (si fue nuestra intención, no importa qué historia le estemos diciendo). Si usted alguna vez ha saltado, realmente no tengo que decirle que tenía sus razones. Lo hizo por algo que usted quería. Sólo voy a dar unas cuantas razones comunes para que sirvan como medida. Tal vez usted pueda encontrar la suya en alguna parte de la lista. Una saltadora de pozos...

- Quería robar dinero
- Tuvo la intención de estafar a la compañía
- Quería irse a la cama con esa persona
- Quería tener una aventura amorosa
- Quería vengarse

- Tenía la intención de herir a esa persona
- Se metió en esa relación sabiendo muy bien que esa persona no era creyente... o tenía un lado oscuro.
- Quería experimentar algo ilícito
- Quería emborracharse más que un zorrillo. Elevarse más alto que una cometa. Y bajar más bajo que la barriga de una culebra.

Ya ve lo que quiero decir. Salmos 19.13 le da unos cuantos nombres a esto de saltar en pozos. Enfrentando su propia tendencia a hacerlo (¡Ay, si todos hiciéramos eso!), el salmista le rogó a Dios:

Libra, además, a tu siervo de pecar a sabiendas;
no permitas que tales pecados me dominen.
Así estaré libre de culpa
y de multiplicar mis pecados.

Pecar a sabiendas. Rebelión descarada. Los dos están unidos como un pájaro y una pluma. Innato en cada acto de rebelión está una figura de autoridad a la cual nos estamos rebelando. De ahí, mi presentimiento de que si, como lo que yo era antes, usted sigue escogiendo girar hacia la izquierda una y otra vez, tiene un problema de autoridad. Sé que yo lo tenía. Estamos desesperados para pedirle a Dios que nos ayude a vencer. Aún después que lo hacemos, usted y yo nunca vamos a poder someternos a autoridad perfectamente mientras nuestros pies de barro estén pegados a la tierra.

Pero no deje que nadie, particularmente alguien que llegue promocionando una doctrina torcida de gracia, trate de convencerla para que piense que no puede ser liberada de pecar a sabiendas y de rebelión descarada, sólo porque él o ella no lo han sido. Yo sé de hecho que usted puede ser completamente liberada de todo pecado que la domina. Entonces y sólo entonces vamos a poseer, usted y yo, la clase de inocencia que es posible para los seres humanos que aún están respirando aire terrestre.

Para llegar allí no sólo necesitamos arrepentimiento profundo (en esencia, un cambio de opinión con resultado de cambio de dirección), necesitamos sanidad hasta la médula, o sencillamente regresaremos a ser lo que éramos. Contrario a la opinión popular, sí, hasta la gente que planea pecar y que salta estratégicamente en pozos, necesita sanidad. De hecho, tal vez nosotras la necesitemos más que nada. Nadie necesita del doctor más que la persona que le gusta como sabe la toxina que la sigue envenenando.

Recientemente, mientras leía un comentario sobre Santiago 1.13-15 tropecé con el nombre de nuestro problema. Antes de meternos en ese nombre, no nos haría daño leer las Escrituras, así que voy a empezar allí:

Que nadie, al ser tentado, diga: «Es Dios quien me tienta». Porque Dios no puede ser tentado por el mal, ni tampoco tienta él a nadie. Todo lo contrario, cada uno es tentado cuando sus propios malos deseos lo arrastran y seducen. Luego, cuando el deseo ha concebido, engendra el pecado; y el pecado, una vez que ha sido consumado, da a luz la muerte.

La palabra original en griego para «malos deseos» es *epithumia*. En realidad, la palabra es neutral y puede ser usada tanto para buenos deseos como para deseos malos. Cristo usó la palabra en Lucas 22.15 cuando «deseaba con ansias» comer la Pascua con sus discípulos. De por sí solo, el término *epithumia* significa un deseo fuerte o apasionado. El contexto, como en Santiago 1.14, determina si el deseo es malo o no. Aquí está la parte interesante: el *New American Commentary* lo define en esta parte de las Escrituras como un «deseo deformado».[1]

Piense en esa frase por un minuto.

Verá usted, eso es lo que yo tenía. Un deseo deformado. En mis propios saltos a pozos (lo contrario de deslizarse en los pozos), a menudo quedo haciendo exactamente lo que me propuse... lo que en ese momento o en esa temporada pensé que *quería* hacer. Tal vez como usted, yo deseaba no haber querido las cosas que hice. A menudo detestaba lo que yo quería. Y aún el deseo, deformado y destructivo, me daba una sacudida y me guiaba. Isaías 44.20 describe la clase de persona que yo era:

Se alimentan de cenizas,
se dejan engañar por su iluso corazón,
no pueden salvarse a sí mismos, ni decir:
«¡Lo que tengo en mi diestra es una mentira!»

Yo había pensado que mi corazón era pecador solamente. No me había dado cuenta que aún mucho más profundo, debajo de esa capa de tierra, mi corazón estaba enfermo. Uno de los más importantes cambios de mi forma de pensar empezó cuando me di cuenta que tenía un «querer» que estaba patas para arriba. Mis deseos no eran saludables en lo absoluto. Eran autodestructivos. En el lenguaje del *New American Commentary*, tenía «deseos deformados».

Yo no soy la única. Tengo una buena amiga que gentilmente me invitó a entrar en su mente angustiosa y autodestructiva. Lo mío en ese entonces también era la autodestrucción, pero su elevador emocional la hizo caer hasta un nivel más bajo que aquel al que caí yo. Después de pasar noventa días en la cárcel por manejar embriagada, me dijo que todo el tiempo en que había estado allí, no había pensado en otra cosa que salir y tomarse un trago. Su razonamiento fue que la única cosa que tenía que hacer diferente quizás era el no manejar.

Después que salió se embriagó tanto que no pudo mantener sus citas con el asistente social que se ocupa de las personas en libertad condicional, así es que de nuevo quedó detrás de las rejas. Por tercera vez, y ahora por seis meses. ¿Unos cuantos días después de salir? La misma cosa.

En vista de todo lo que había perdido: trabajo, matrimonio, hijos, autoestima, me desconcertaba que cuando recuperaba la libertad hiciera la misma cosa otra vez. Le pregunté por qué lo había hecho. ¿No había tenido tiempo de apaciguar la incesante exigencia de sus órganos internos?

Su respuesta fue: «Porque yo quería. Beth. No creo que haya estado escuchando. Yo quería tomar. Me gustaba cómo me hacía sentir».

O cómo la hacía *no* sentir.

Deseos deformados. El deseo de *no* desear es uno de los deseos más deformados que tendremos. Uno de los más grandes errores que podríamos hacer es suponer que el deseo apasionado es malo, y que la meta para la gente cristiana es no sentir. Nada puede estar más lejos de la verdad. Fuimos creados de una pasión santa *para* una pasión santa. Somos tan perfectamente capacitados para la pasión que la vamos a encontrar de una u otra manera. Si no la encontramos en Cristo, la encontraremos en cosas como la lujuria, la ira, la furia y la codicia.

Nunca menosprecie el poder del deseo. Aunque hacer lo que necesita hacer es el lugar dónde empezar, nunca lo va a lograr a largo plazo motivada sólo por la necesidad.

Tal vez el más disciplinado de nosotros logre caminar en victoria por unas cuantas semanas por la necesidad de hacer lo correcto, pero raramente nos llevará a la línea final. En última instancia, cada uno de nosotros hará lo que quiere hacer.

¿Es acaso sorprendente que las primeras palabras de Cristo que se documentan en el incomparable libro de Juan hayan sido: «¿Qué es lo que quieres?» Ahora, oiga el eco de esas mismas palabras dichas a usted hoy: «Hija mía, ¿qué quieres?» ¿Cuáles son sus deseos secretos? Póngalos delante de él. Dígale cada uno de ellos. No importa cuán respetables o deformes sean. Yo soy la prueba de que Dios puede sanar incluso a quien llegue a tener el más desastroso «querer». En los años recientes, ningún otro versículo ha significado más para mí que Salmos 40.8: «Me agrada, Dios mío, hacer tu voluntad; tu ley la llevo dentro de mí».

Todavía no puedo comprender que pueda decir esas palabras y con todo mi corazón después de todo lo que he pasado. Dios sanó mis deseos deformados, convenciéndome finalmente que las cosas que Él quería para mí eran las mejores cosas que la vida podía ofrecer. Usando el martillo de su Palabra y el yunque de su amor inquebrantable, Dios moldeó nuevamente mis deseos desfigurados hasta que lo que yo quería más que nada en esta Tierra era lo que Él quería. En algún momento, la «ley» de Dios se transfirió de las placas de piedra de mi cabeza al suave tejido de mi corazón. Lo acepté, no sólo espiritual sino emocionalmente. Al fin, Jesús se había ganado mi corazón. Y no sólo el mío. ¿Se acuerda de la buena amiga de la cual le hablé, que quería ese próximo trago sin importarle las consecuencias? Nunca he conocido a nadie que estuviese más en cautiverio que ella. Cristo finalmente la convenció, se ganó su corazón, y le cambió sus deseos. Ella es un milagro. Yo soy un milagro. Si Él nos pudo liberar a las dos, Él puede liberar a cualquiera.

Mucha de nuestra propensión a saltar en los pozos emana del hecho de que en algún lado muy dentro de nosotros, realmente no confiamos en Dios. Pensamos que Él es como todos los demás que nos han engañado o traicionado. Como mi amigo Chris Thom dice: «Dios no es simplemente un gran nosotros». Como Adán y Eva, dejamos que nuestro enemigo nos incite a creer que Dios nos está ocultando cosas. Nuestro impulso hacia la consabida fruta prohibida es nuestra creencia innata de que se nos niega exactamente lo que más queremos.

Satanás fue un mentiroso en ese entonces, y es un mentiroso ahora.

En la investigación que hice para este libro, aprendí que ciertas clases de relaciones y personas se convierten en pozos automáticos en el segundo en que nos atraemos íntimamente. Por ejemplo, Proverbios 22.14 advierte que: «la boca de la adúltera es una fosa profunda». Lo mismo es verdad acerca del hombre adúltero. Una relación que es tan tentadora para nosotros precisamente porque es prohibida, no es nada más que una puerta pintada decorativamente de un pozo grande y tenebroso. Las Escrituras no pudieron pintar un cuadro más vívido: sus bocas son fosas profundas. Ponga su boca en uno de estos pozos y dele un beso de despedida a su terreno firme. Dios no sólo dice que no porque le hace a Él sentirse bien consigo mismo. Dios se siente bien consigo mismo. Él no necesita que nos sintamos pequeños para que Él se sienta grande. Él es enorme. Él no tiene que ser mandón para sentirse como jefe. Él es el dueño del universo. Si Dios prohíbe algo, mientras más pronto creamos y confesemos que es para nuestro bien, mejor vamos a estar.

Proverbios 23.27 añade que «fosa profunda es la prostituta, y estrecho pozo la mujer ajena». La versión de la Reina Valera usa una palabra mucho más fuerte que «prostituta», usa «ramera», que sugiere que el término no se limita a alguien a quien le pagan para tener sexo. Se refiere a cualquiera que se acuesta con otras personas y practica inmoralidad como un estilo regular de vida.

Demás está decirlo, pero el verso es igualmente verdadero cuando se cambia el género. Un hombre que se acuesta con otras personas es una fosa profunda y el adúltero es un pozo estrecho. Si se mete con ellos, por así decirlo, se va a arrojar a las entrañas de la tierra con una fuerza tan meteórica que sólo Dios la podrá sacar. No me importa qué tan halagadora sea la atención de alguien. Si él o ella es inmoral o está casado con otra persona, una relación íntima de cualquier clase con esa persona le va a arrastrar al pozo, no probablemente o eventualmente, sino automáticamente. ¿Tiempo estimado de llegada? De inmediato.

Basándome en todo lo que la Palabra de Dios dice y todo lo que yo he experimentado, oído, u observado, le prometo que las relaciones prohibidas nunca salen bien. Déjeme decirlo una vez más: *nunca*. El pozo es tan profundo y oscuro. Y antes de darse cuenta, verá que está en él completamente sola. Yo también he vivido lo suficiente y he escuchado lo suficientemente bien como para convencerme de que casi siempre estamos en lo correcto, no importa cómo no queramos ser, cuando tenemos un presentimiento en un lugar muy adentro, en cuanto a que esa persona con la cual nos estamos encariñando mucho tiene un lado oscuro. Ese es el Espíritu Santo que nos está advirtiendo. Aprenda a asociar la oscuridad con el pozo. Le digo todo esto por un amor profundo y por preocupación. Arrepiéntase y corra.

Tenga en cuenta que saltar automáticamente a un pozo puede ser circunstancial y relacional, y también se extiende más allá de los asuntos de sexualidad. Las relaciones sexuales prohibidas sencillamente desencadenan algunas de las garantías bíblicas más prominentes de desastre. El contexto más amplio es cualquier cosa que Dios se tome la molestia de prohibir. En realidad, Él es la clase de Dios que dice «sí» (vea 2 Corintios 1.20). Usted puede anotar esto en cualquier tiempo y todo el tiempo: El «no» de Dios es un empujón rápido para alejarnos del pozo. Mientras más rápido el empujón, mejor.

No empecé a vivir en victoria sólo porque todas las oportunidades para saltar finalmente desaparecieron. Ese no es el caso. Mientras yo todavía estaba en el mayor de los riesgos, Dios no me dejó, trabajó conmigo, y me dio confianza hasta que finalmente fui hacia donde Él me señalaba. Ese ha sido nuestro modus operandi por un rato, pero Él es sabio al no hacerme olvidar el dolor intenso de dónde yo estaba... a menos que sea tentada a regresar. Hasta que estemos noventa por ciento en la tumba, ninguno de nosotros estará fuera del peligro de un pozo.

Preste atención a las palabras que salieron de la boca del rey David inmediatamente después de prometerle a Dios que iba a llevar una vida sin tacha: «¿Cuándo me visitarás?» (Salmos 101.2) ¿Traducción? «No sé hasta cuándo voy a poder aguantar. ¿Vienes pronto? ¿Me matarás pronto?» ¿Podemos los saltadores de pozo identificarnos con él? A veces se nos meten en la cabeza impulsos carnales rápidos, pero una vez que hayamos dejado que Dios se gane nuestros corazones una gran ola de deseo santo puede venir y llevárselos como cuando una aguamala es arrastrada de la orilla.

Recientemente, en una conferencia, un grupo de mujeres me regaló una muñeca Barbie. No era la primera vez que me regalaban una muñeca. Yo creo que la broma empezó después que conté la historia de mi joven amiga, Savannah, que a menudo se sienta conmigo en mi iglesia. Ahora ya tiene once años, pero cuando tenía unos seis o siete, le encantaba traer sus muñecas Barbie a la iglesia.

Me alegra decir que las vestía con sus trajes más modestos. Claro que hubo una vez cuando la falda de la muñeca estaba tan corta que le tuve que envolver un sobre de ofrendas alrededor de sus caderas. Eso me hizo acordar que la santificación es un proceso y que algunas muñecas Barbie necesitan tiempo extra para que se note el cambio. Yo era una de ellas.

Mientras que las muñecas Barbie de Savannah estuvieran en la iglesia, yo supuse que deberían participar en el tiempo de adoración, así que ella y yo las hacíamos adoptar las poses adecuadas. Las poníamos enfrente de nosotras donde pudiesen dar la idea de formar parte del grupo de adoración o las apoyábamos contra la parte de atrás de la banca. De cualquier forma, siempre les levantábamos las manos. Como no podían abrir sus bocas y sus rodillas no se doblaban, pensamos que alzarles las manos sería nuestro único recurso. Los codos de las muñecas Barbie no se doblan como los nuestros, así que su alabanza era sumamente expresiva para una congregación tan conservadora como la nuestra.

Lo que sé es que hasta ahora nadie se ha quejado. Si lo hubiesen hecho, sin dudas lo hubiese escuchado, como cuando alguien se quejó porque usé un poco de esencia de vainilla en la cafetería durante mi estudio bíblico. Tomaron una foto y de hecho la pusieron en el escritorio del pastor. Afirmaron que parecía como si estuviésemos echándole un poco de licor a nuestro café. Le alegrará saber que al pastor le causó risa.

Poniendo los cafés con vainilla a un lado, al grupo con el cual compartí la historia de las muñecas de Barbie le pareció divertida y el tema se popularizó. Desde entonces he estado recibiendo muñecas Barbie.

La muñeca Barbie más reciente estaba vestida como yo (a la moda, espero, pero modesta, ¡qué bueno!). Tenía una Biblia improvisada en una mano (parecía ser la versión Reina Valera), mientras que la otra mano estaba levantada hacia el cielo.

Esta muñeca se parecía tanto a mí que anuló a todas las demás. Quedó anulada incluso la discrepancia tan evidente de edad, algo que nadie quiso reconocer. Uno de los pies se veía roído desde la pantorrilla. El grupo se disculpó, explicándome que el perro de la familia de la dueña original se había apoderado de la muñeca el día antes que ellos se fueran. Aunque estaban muy desilusionados, decidieron que el resto de la muñeca estaba bien.

Por unos segundos me quedé mirando a la Barbie. Se veía tan rara al principio. Tan bien peinada, tan capacitada para el llamado, y sin embargo, tenía un pie mordido. Luego asentí. No a nadie en realidad. Sólo a Dios. Bueno, quizá también a la Barbie. Aunque el grupo no lo sabía, le dieron directo a la cabeza del clavo, o tal vez a la pierna directamente en el muñón. Definitivamente que esa era yo.

No, no me falta una pierna, pero si usted me pudiese ver con sus ojos espirituales, de seguro que al menos una de mis piernas ha sido raída desde la rodilla. Efesios 4.27 advierte que: «ni den cabida al diablo». Ay, demasiado tarde. Satanás me ha herido, pero no me ha devorado. Me quitó la pantorrilla, pero nunca llegó al muslo, aunque Dios sabe que lo intentó. Tal vez esté cojeando espiritualmente, pero gracias a Dios, quien me sostiene y me urge a apoyarme en Él, al menos puedo caminar. Y usted también. Aléjese de ese pozo antes de que la mate.

Con cariño, Beth.

PUSO mis PIES sobre una ROCA,

CAPÍTULO CINCO

Cómo salir del pozo

U sted puede salir de allí. No importa si la han lanzado, si se ha deslizado, si se ha resbalado o si saltó adentro, usted puede salir de allí. Y sí me estoy refiriendo a *usted*. No estoy hablando de la persona que pareciera que está lidiando con su pozo mejor que usted. Nosotros no necesitamos lidiar con nuestros pozos. Necesitamos salir de nuestros pozos. Usted lo puede hacer. Aún si tiene un historial de intentos que fallaron. Aunque piense que no se lo merece. Aunque no haya vivido en ningún otro lugar.

Pero aquí está el truco: Usted no puede salirse sola. Aunque trate, nunca tendrá éxito. No del tipo del que la Palabra de Dios está hablando. ¿Se acuerda de la primera característica de un pozo? Lodo y fango. El tipo de arena movediza que se traga su pie entero. Está atrapada. Por más que quiera, o por más autosuficiente o petulante que quiera ser, no puede hacer esto sola. Alguien más la tiene que ayudar; alguien más tiene que venir a su rescate. Pero en esta instancia usted tiene opciones: Puede optar por la ayuda de un ser humano o puede optar por la ayuda de Dios.

En realidad, el hecho de poder ver a nuestro liberador podría ser un factor decisivo. Tener una conversación audible con él sería fabuloso. Ayudaría saber que alguien realmente está escuchando. Verle la cara u oír el tono de una voz. Ahora, para nosotros, esa es una ayuda verdadera.

Pero no estamos hablando sólo de una ayuda. La intención de Dios ha sido que las personas se ofrezcan la mano mutuamente. El problema viene cuando optamos porque nuestro liberador sea un ser igualmente humano. Aunque parezca raro, otra persona sí puede sacarnos de un pozo pero aunque trate, no nos puede liberar.

Tomemos, por ejemplo, el caso de José. Quizás usted se acuerde que la primera vez que las Escrituras mencionan un pozo es cuando José estuvo dentro. Mientras él estaba gritando y pataleando en el fondo del pozo sin agua, sus hermanos almorzaban tranquilamente; hasta que divisaron una caravana de ismaelitas que venía de Galaad. Sus camellos estaban cargados de perfumes, bálsamo y mirra, que llevaban a Egipto. Entonces Judá les propuso a sus hermanos: «¿Qué ganamos con matar a nuestro hermano y ocultar su muerte? En vez de eliminarlo, vendámoslo a los ismaelitas; al fin de cuentas, es nuestro propio hermano». Sus hermanos estuvieron de acuerdo con él, así que cuando los mercaderes madianitas se acercaron, sacaron a José de la cisterna y se lo vendieron a los ismaelitas por veinte monedas de plata. Fue así como se llevaron a José a Egipto (Génesis 37.25-28).

De acuerdo. Ser vendido como esclavo fue una mejor opción que dejar que muriera de hambre en el fondo de una cisterna. Pero cualquiera le daría mucho crédito a los hermanos por la compasión que tuvieron de él a no ser por Salmos 105.18 que dice que los ismaelitas «le sujetaron los pies con grilletes, entre hierros le aprisionaron el cuello». Recuerde que José sólo tenía diecisiete años. Y que también era consentido y mimado. Posiblemente ni su cama la tendía por las mañanas. Y de repente, en un abrir y cerrar de ojos, se veía convertido en un esclavo encadenado, yendo quién sabe a dónde.

Las Escrituras no dejan ni una duda de que la soberanía de Dios estaba balanceando el péndulo, dirigiendo cada detalle desde Canaán hasta Egipto para el bien común. Sin embargo, pasaron años sin que José empezara a captar el trabajo de este verdadero liberador. En nuestro paralelo relacional, si alguien nos saca del pozo, asumiendo el rol de liberador, casi siempre y hasta sin darse cuenta, nos venderá a un tipo u otro de esclavitud.

Las Escrituras documentan varias instancias en las que Dios oye el llanto de su pueblo y les da un liberador humano en vez de insistir en que dependieran sólo en Él, como lo hace en otros casos. Sin embargo, cada vez que ocurrió así, Israel volvía al cautiverio. El salmo 78 registra un récord perturbador del ciclo de derrotas que tuvo Israel, una tragedia humana más grande de lo que alguna vez usted leerá: «A pesar de todo, siguieron pecando y no creyeron en sus maravillas. Por tanto, Dios hizo que sus días se esfumaran como un suspiro» (vv. 32 y 33).

Aquí está la parte importante: «No confiaron en Dios, ni creyeron que él los salvaría» (v. 22). Aunque Dios levantó líderes como Moisés y Josué, la nación eventualmente regresaba al viejo patrón. Yo sé lo que es eso. En mi camino también tuve unos cuantos líderes importantes, pero ninguno de ellos pudo renovar la instalación eléctrica de mi disco duro. Cada vez, yo terminaba regresando a lo que era. Nada es más fútil o nos deja más fracturados que confiar en que un hombre sea nuestro Dios. A veces, nos olvidamos en relación con qué error fue la última vez que lo hicimos. El tiempo sabe cómo distorsionar nuestras memorias. Eso fue lo que le pasó a Israel. No muchos años después de que el escritor del salmo 78 puso la pluma en el pergamino, Israel se vio buscando ayuda apresuradamente al enfrentar la inminente toma del poder por parte del ejército asirio. Con un pestañar de su ojo santo Dios pudo haber desbaratado el asalto, pero se contuvo, esperando el llanto de arrepentimiento. Él dijo:

En el arrepentimiento y la calma está su salvación,

en la serenidad y la confianza está su fuerza,

pero ustedes no lo quieren reconocer. (Isaías 30.15)

También he estado allí. En vez de humillarse y hacer lo que se requiere para alcanzar verdadera protección y restauración, Israel prefirió llamar a los egipcios para que lo protegiera. Mientras la historia dejaba registrada una advertencia muy severa, ellos pusieron una capa de barniz sobre su pasado y decidieron que al fin y al cabo Egipto no era tan malo, especialmente si se lo comparaba con los asirios. Los israelitas pensaron que al hacerse aliados de Egipto los egipcios los librarían. Isaías 30 registra la respuesta de Dios:

Ay de los hijos rebeldes

que ejecutan planes que no son míos,

que hacen alianzas contrarias a mi Espíritu,

que amontonan pecado sobre pecado,

que bajan a Egipto sin consultarme,

que se acogen a la protección de Faraón,

y se refugian bajo la sombra de Egipto.

¡La protección de Faraón será su vergüenza!

¡El refugiarse bajo la sombra de Egipto, su humillación!...

todos quedarán avergonzados

por culpa de un pueblo que les resulta inútil.

(vv. 1-3 y 5)

Los israelitas no necesitaban a Egipto. Necesitaban a Dios. En sus mejores momentos, el hombre puede ser sensacional, pero en el papel de Dios es un inútil. Contrario a lo que la serpiente sugirió en el Jardín del Edén, la gente simplemente no puede ser divina. Mientras más grandes sean nuestros deseos de serlo, más bajo vamos a caer. (Y de alguna manera, cuando todo se acaba, nos sentimos avergonzados. Apenados. Y a veces ni sabemos por qué.)

La gente nos puede ayudar, pero no nos puede sanar. La gente nos puede levantar, pero no nos puede cargar. En ocasiones, la gente nos puede sacar de un pozo, pero no nos pueden mantener afuera. Ni pueden poner nuestros pies en una roca. Cuando salimos de un pozo, si nuestra idea de estabilidad es estar parados sobre los hombros de otro ser humano, sus pies de barro inevitablemente se desmoronarán y nosotros caeremos. El trabajo es demasiado grande para él.

Como vivir en un pozo es primordialmente un estado de la mente, la liberación efectiva también toma la habilidad de leer la mente de la gente, porque lo que decimos, a menudo no concuerda con lo que somos. Sólo Dios puede permanecer con nosotros a través de la duración y la profundidad de nuestra necesidad; y la duración y la profundidad de nuestra tontería. Tal vez sólo estoy hablando de mí misma, pero si me di cuenta o no, usualmente encontré una manera de enmarcar mi pozo para que me hiciera ver como una víctima. Dios no sólo es omnisciente, su Palabra es «más cortante que cualquier espada de dos filos», cortando nuestra tontería tan delgada que puede ver a través de ella. Él sabe cuando estamos engañando a otros. Él sabe cuando nos estamos engañando a nosotros mismos. Y aun sabiendo todo lo que somos y todo lo que escondemos, Dios se desborda en amor y en disposición de liberarnos. Aún después que Israel buscó la ayuda de los egipcios, invitando el castigo de Dios, Isaías testificó: «Por eso el Señor los espera, para tenerles piedad; se levanta para mostrarles compasión» (30.18).

Los espera para tenerles piedad. Me gusta como suena eso. También se nos dice repetidamente que «su amor permanece para siempre», lo que significa que Dios tiene piedad por un *largo* tiempo. Eso es lo que tienen que tener los que ya no son residentes de pozos, como yo. Necesitamos un Liberador que permanezca con nosotros a todo lo largo del recorrido. Filipenses 1.6 nos dice que Dios, quien comenzó tan buena obra, es fiel para completarla. Francamente, no hay trabajo más duro que sacar a los residentes de los pozos. El hombre, que puede que comience una buena obra, se cansa muy rápido como para terminarla. Y tiene derecho a cansarse. No es su trabajo. La verdadera liberación toma un poco de tiempo, un poco de esfuerzo titánico, y más paciencia de lo que las mejores personas poseen. Usted y yo necesitamos un brazo fuerte y largo.

El apóstol Pablo describe la tenacidad de Dios en 2 Corintios 1.10 cuando dice que: «Él nos libró y nos librará. En él tenemos puesta nuestra esperanza, y él seguirá librándonos». Pasado. Presente. Futuro. Esa es la clase de liberación del pozo que usted y yo estamos buscando. Tenemos que tener una garantía para toda la vida. El «Señor soberano» sólo Él es mi «Salvador poderoso» (Salmos 140.7). Todos los demás se van a cansar. Pueden sacarnos de ese pozo y hasta estar un rato con nosotros mientras nos empujan para alejarnos cuando tratamos de meternos otra vez. Pero eventualmente les va a doler la espalda. Y cuando esto sucede, es probable que nos enojemos con ellos. De hecho, tal vez no les hablemos por años. Nos desilusionaron.

Una querida hermana en Cristo vino a mí herida por haber perdido una relación. Me contó que su amiga había estado con ella a través de una época muy difícil. De hecho, nunca lo hubiese podido hacer sin ella. Su amiga la había escuchado. Le dijo que ella también había estado en esa situación. Pudo identificarse con lo que estaba pasando y le dio buenos consejos. Hablaban por horas. Eran muy unidas. Esta amiga se había convertido en la confidente más cercana que mi hermana había tenido en su vida.

Después de un tiempo, le pareció que su amiga era menos atenta. Menos cariñosa. Menos paciente. ¿O tal vez se estaba imaginando cosas? Después de todo, todavía era cortés. Luego, se tardaba más en devolverle las llamadas. Se dio cuenta que su amiga estaba haciendo, con otra persona, las cosas que ellas habían hecho juntas. Eso le hirió los sentimientos. Trató de hablarle al respecto. Su amiga le dio un abrazo y le dijo que todo estaba bien y que la quería mucho. Parecía ser verdad, sólo que no podía seguir cargando con ella. Pronto, dejó de llamarla por completo.

¿Le suena familiar esta escena? Si no se puede identificar con ella, yo puedo hacerlo por usted y por mí. Y por los dos lados. Estoy segura de que ha habido personas que se han cansado de mí y que a mí también me han cansado (hablaremos de eso en un minuto). Es posible que un ser humano nos haya sacado del pozo, pero en algún momento, quizás accidentalmente, nos vendió a la esclavitud de una desilusión debilitante. Hasta las expectativas sutilmente alentadoras pero insatisfechas pueden ser devastadoras.

Es lamentable pero innumerables relaciones terminan de esa manera. Como una bestia voraz, éstas, en última instancia, demandan ser alimentadas con más de lo que la gente tiene para dar. Se dejan sin satisfacer expectativas razonables. La bestia amarra las dos partes a un poste de responsabilidad excesiva. Por lo general, los nudos son tan fuertes que cuesta deshacerlos racionalmente. Invariablemente, una persona corta la cuerda primero, dejando a la otra parte sintiéndose, en las palabras de William Dean Howells: «traicionada y totalmente confundida».

Ni por un minuto podría minimizar el dolor de una relación quebrantada por expectativas irracionales o, en el mejor de los casos, insostenibles. Me he arrodillado con demasiadas mujeres que han llegado llorando al altar del santuario de mi iglesia, sólo para enterarme que necesitaban oración porque sus sentimientos habían sido profundamente heridos por alguien que estaba sentado en alguna otra parte del templo. Podemos sufrir una ofensa de un amigo o de un mentor que corta tan profundo como cualquier ofensa que nos pudiera hacer nuestra propia familia. Cuando una relación tan cercana y confiada es perjudicialmente cortada, el cuchillo penetra a la profundidad exacta con la cual los invitamos a introducirse en nuestras vidas. En efecto, una de las principales razones por las cuales estamos tan heridos es porque la persona sabía por lo que estábamos pasando y aún así nos abandonó.

Lo que estoy a punto de decir puede ser difícil de oír, pero oro que Dios lo use para sanar a alguien: Algunas veces una persona nos abandona no a pesar de lo que estamos pasando, sino directamente por eso. A ellos o se les agotaron las respuestas o se les acabó la energía y ya no tenían los medios para estar con nosotros. Si los amigos que nos ayudan realmente hicieran algo que nos insultara abiertamente, ellos serían responsables ante Dios por eso. Pero si nos insultaron sólo por habérseles acabado la gasolina y por haberse salido de la lucha, quizás necesitamos darnos cuenta que hicieron todo lo que pensaron que podían hacer humanamente y debemos dejarlos ir sin amargura o enojo.

Usted y yo realmente no debemos temerle a la intimidad o a dejar de mostrarle a la gente cómo somos realmente. Si hacemos eso, nos volveremos tan fríos y tan duros como el plástico, y ocultamos el propósito de nuestra existencia. Para empezar, la gente que no es auténtica no es efectiva. Para terminar, la libertad no puede existir sin ser transparente. El barro humano consigue su humedad de las relaciones y si no existe la relación, esa humedad se evaporaría hasta convertir el barro en polvo. El problema viene cuando nuestra idea de relacionarnos se convierte en un adueñarse del otro, cuando empezamos a creer que la persona que estaba dispuesta a meterse con nosotros y en nuestro problema es nuestro entrenador personal.

En tales situaciones, es posible que unos cuantos sacadores fieles de pozo traten de seguir haciéndolo por un tiempo. Por meses. Inclusive por años. Si no se quejan de la situación, tal vez el proceso también esté alimentando en ellos alguna área que no es saludable. Y usted supondrá que al menos no la vendieron como esclava. Pero, ¡sorpréndase! Sí lo hicieron. La sociedad le ha dado un nombre a esta caravana. La llama *codependencia*. La única diferencia entre las dos situaciones es que, en esta, los que la vendieron se montaron en el vagón hacia Egipto con usted.

En el otoño, cuando Melissa se fue a la universidad, a mi amiga Bonita y a mí nos dio por tomar lecciones de golf. Como ya no teníamos hijos en casa, pensamos que de seguro tendríamos tiempo para un pasatiempo. ¡Qué tontas! Y de todos los pasatiempos, ¿por qué golf precisamente? A mí ni me gusta ese juego. Me aburre. No me gusta la ropa y no me gustan los zapatos. Cuando iba del auto a la cocina, casi me resbalaba en el linóleo. No me gusta que uno tenga que estar en silencio cuando otras personas están jugando. Personalmente, me gusta animar a las personas. Y no creo que el cuerpo esté supuesto a distorsionarse de la manera que lo hace cuando da el golpe a la pelota. No es natural. Es más, durante el verano el ambiente está caliente. Especialmente donde yo vivo, se siente como si estuviésemos a tres puertas del Hades. Detesto el golf.

Pero me gustan algunas personas que juegan golf. Y esa es, precisamente, la razón por la cual nos metimos en este problema. Creo que lo que tratábamos de hacer era impresionar a nuestros esposos, pensando en algo que todos podríamos hacer juntos... como si ellos realmente fueran a jugar los dieciocho hoyos con nosotras. Nuestros maridos fueron lo suficientemente sabios al no aceptar nuestra oferta de enseñarnos cómo jugar. Les preguntamos: «¿Cuán difícil puede ser esto?» Ellos sabían lo que nosotras sabemos ahora: que ninguno de nuestros matrimonios hubiese sobrevivido. Ellos le habían pagado a alguien para que les enseñara. A un instructor profesional.

Y hablando de instructor profesional, desde el primer día me di cuenta de que al nuestro no le gustábamos. No sé cuál era su problema. Tal vez haya tenido una mamá muy mala. ¿Qué podíamos hacer si la mujer en la tienda de golf todavía estaba pasando nuestros accesorios nuevos por el escáner cuando él ya estaba listo para empezar la lección? Pensando ahora en el asunto, creo que al ver nuestra ropa nueva de golf se dio cuenta que ese día iba a ser largo.

La parte inferior de mi espalda me seguía picando y finalmente me di cuenta que se me había olvidado quitar la etiqueta. Traté de jalarla sin que él me viera, pero creo que me vio de todas maneras. Pienso que no fui muy discreta cuando la metí en mi zapato de golf. No pude encontrar un bote de basura. Ellos no tienen basura en ese club. «¿Debemos traer nuestras carteras?» Él sólo se nos quedó mirando, así que nos imaginamos que no.

Después de encontrar un armario, finalmente pudimos dirigirnos al carrito de golf para poder llegar rápido al campo. Hubiese podido caminar mejor, pero mis zapatos seguían atascándose en la hierba. Aplicando los buenos modales aprendidos en el sur, Bonita y yo casi nos quedamos atrás mientras insistíamos que la otra fuese la que se sentara en el asiento de adelante junto al conductor. «¡No, no faltaba más, siéntate tú allí!»

El instructor sugirió cortésmente que nos sentáramos para irnos de una vez. Luego pasó por un badén y se nos cayeron los lentes de sol. Haciendo memoria de aquellas cosas, ahora sospecho que el tipo nos jugó sucio. Estoy casi segura que estaba tratando de tirarnos del carrito. Sí, es verdad que casi nos caímos, pero no fue por el badén. Por alguna razón empezamos a reírnos tanto, que no nos podíamos agarrar bien. Ya iniciada la instrucción, me di cuenta que mis manos no se podían alinear de la manera que el profesor exigía. Casi me hizo desarrollar el síndrome del túnel carpiano. Puso mis manos en esa posición unas cien veces.

No soy una mujer tonta; sin embargo, es claro que jugar al golf no está dentro de mi unción espiritual. Sin embargo, no nos íbamos a desanimar. Cada vez que una de nosotras le pegaba a la bola, la otra aplaudía. Yo gritaba con entusiasmo: «¡Bonita, lo hiciste muy bien!» Y luego yo le pegaba a la bola y, como buena amiga que es, me devolvía la afirmación: «¡Ay, Beth! ¡Lo hiciste *súper* bien!»

Finalmente, el instructor no pudo aguantar más. Nos lanzaba miradas a las dos, de una a otra, casi como si estuviese teniendo un ataque epiléptico. Alzó sus brazos y los agitó, lo cual hizo que se viera el sudor antiestético bajo las mangas de su camiseta polo, y dijo: «¡Ninguna de las dos lo hace bien!»

Esa fue mi última lección de golf. Qué lástima, lo sé, pero ¿quién tiene paciencia con un instructor que obviamente no hace sus devocionales por las mañanas? He tratado de acordarme de orar por su mamá. Ese día cuando me estaba yendo en mi auto, estaba llegando un camión de plataforma lleno de grama. Keith dijo que era para reparar el campo después de nuestra clase.

Algunas veces nos aferramos desesperadamente a alguien que no está mejor de lo que nosotros estamos. Yo creo totalmente en grupos de apoyo, pero un grupo de apoyo solo nunca nos sacará de un pozo. Sería mejor que alguien en ese grupo esté mirando de arriba hacia dentro. Preferiblemente desde bien arriba. De otra manera, nos mantendremos gritando entusiasmadamente de un lado a otro: «¡Lo hiciste bien!» cuando en realidad, ninguno de nosotros lo está haciendo bien. Si seguimos dándonos palmaditas los unos a los otros en nuestras pobres y dañadas espaldas, ¿cómo se van a recuperar? En Lucas 6.39, Jesús formuló la pregunta de una manera más efectiva: «¿Acaso puede un ciego guiar a otro ciego? ¿No caerán ambos en el hoyo?»

¿Necesita salir para tomar un poco de aire? Bueno, cambiemos de lugar por un minuto. Cada uno de nosotros, no sólo ha buscado un liberador humano, sino que también ha tratado de liberar a alguien más. Podría ofrecer un sinnúmero de ejemplos personales, pero me voy a conformar con uno.

Unos cuantos años atrás, un ser querido que vivía en un pozo (no es mi esposo ni mis hijas), me culpó de haberme ido por todo el país ayudando a otros y que no tenía cuidado de ella. Mientras más profundo se hundía en su pozo, más enterrada quedaba en el resentimiento.

Lo que dijo de que yo no tenía cuidado de ella estaba lejos de ser verdad. Yo la quería mucho. No obstante, en lo más profundo de mi corazón, no podía negar que algunas veces ser aceptado por gente con la cual no se está relacionado es sustancialmente más fácil. Y para ser honesta, más placentero.

Reconózcalo. Usted no puede dejar tan fácilmente a alguien a quien quiere mucho.

Su resentimiento me dolió. Yo había tratado de ayudarla muchas veces, pero nunca pude hacerlo sin algún tipo de restricciones. Nunca pude darle todo lo que yo tenía. Mi decisión era hacer cualquier cosa con tal que mejorara. Dos meses después, las dos estábamos en un caos. Ella enojada conmigo y yo enojada con ella. De hecho, no nos estábamos hablando. Por fin nos reconciliamos, pero la experiencia dejó una huella que siempre me ha molestado.

Podremos hacer todo lo que sea necesario por un tiempo determinado para ayudar a los demás y aún así difícilmente podremos liberarlos de ellos mismos.

¿Significa esto que no debemos involucrarnos con la gente que está herida? ¡Por supuesto que no! Podemos ser totalmente inadecuados como liberadores, pero nunca piense que no podemos ser usados por Dios para que haya un cambio profundo en la vida de alguien. Esa es la razón primordial por la que Él nos ha dejado en este planeta Tierra aunque ya nuestra ciudadanía haya sido transferida al cielo.

Podemos tener un impacto tremendo sobre una vida en el pozo. Primero que todo, podemos hacer un impacto sobre los residentes de los pozos, siendo un ejemplo. Podemos enseñarles que es posible vivir fuera del pozo cuando vivimos de esa manera nosotros mismos. Si vivir fuera de un pozo es imposible, todo el concepto permanece siendo como mucho una teología festiva y una realidad lastimosamente pobre.

Segundo, podemos impactar a los residentes de pozos con oración. 2 Corintios 1.10-11 añade algo vital al testimonio de Pablo, el cual cité anteriormente en cuanto a la presente, pasada y futura liberación de Dios hacia sus hijos: «En él tenemos puesta nuestra esperanza, y él seguirá librándonos. *Mientras tanto, ustedes nos ayudan orando por nosotros*» (énfasis añadido).

Tenemos una invitación dada por Dios, si es que no una responsabilidad, de unirnos al proceso divino de liberar a alguien del peligro o del pozo. Cuando la liberación ocurre, la compensación es gloriosa.

Tercero, al alentarlos, podemos hacer un impacto en las personas que están en un pozo. Hebreos 3.13 nos hace un llamado: «Anímense unos a otros cada día, para que ninguno de ustedes se endurezca por el engaño del pecado». Satanás hace un esfuerzo tremendo para convencer a una persona de que con el historial que tiene, la victoria es imposible. Eso es una mentira. Dígalo.

Cuarto, podemos impactar a los residentes de los pozos al ser persistentes en cuanto a dirigirlos a Jesús. Como los hombres que llevaron a un paralítico en una camilla, haga todo lo que pueda para «poner [a la persona] delante de Jesús» (Lucas 5.18). Mientras tanto continúe orando, alentando y siendo un ejemplo. Y sobre todo, siga diciéndole quién es el verdadero liberador. Continúe dirigiéndola hacia el único que no la desilusionará.

Quinto, al grado en que Dios ha aumentado la sabiduría bíblica en nosotros, podemos impactar a los residentes de los pozos a través de nuestros consejos y recomendaciones. Particularmente aquellos que han sido bien entrenados. Soy una gran defensora de la consejería cristiana profesional. Yo misma la recibí, y no estoy segura de dónde hubiese estado sin ella. Necesitaba compartir cosas con alguien imparcial, alguien cuya resposabilidad profesional le demandaba respetar la confidencialidad, alguien que ya había oído historias como la mía. De tiempo en tiempo oigo de personas cosas que me desconciertan más allá de lo que les puedo aconsejar. Mi archivo mental no tiene recursos como para obtener la mejor respuesta. Al fin y al cabo, la consejería no es mi trabajo.

Sin embargo, hay ocasiones en que no se necesita ser una profesional par dar un buen consejo. Por ejemplo, una señora me preguntó recientemente si ella podía seguir siendo amiga de un joven con el cual había tenido una relación extra marital. «Éramos tan buenos amigos antes». «¿Sí? ¡Ah, qué bueno!» Mi respuesta fue muy fácil. No tuve ni que orar. «¡Olvídelo!» Ciertos lazos emocionales pueden volverse tan apretados hasta llegar a ahorcar a una persona, aún mucho después de que la intimidad física haya concluido. Cuando la gente se arrepiente, Dios echa las transgresiones tan lejos «como lejos del oriente está el occidente» (Salmos 103.12). En situaciones como la de esta mujer, es sabio que los dos transgresores se alejen al extremo que dice el salmo citado.

Muchas otras respuestas no son tan en blanco y negro como ésta. Como por ejemplo, hasta qué punto los problemas emocionales de un cónyuge o un padre son tan serios que ameriten el divorcio. O si una persona necesita o no tomar medicamentos. Cuando alguien me trae un asunto que es demasiado difícil para mí, permaneceré persiguiéndola como un perro de caza hasta que consiga terapia o busque consejería profesional.

Hasta los mejores consejeros cristianos deben cuidarse de que sus clientes no los conviertan en liberadores. Los consejeros sabios saben por experiencia que nunca podrán serlo. También saben que si lo intentaran quedarían enterrados vivos debajo del celular, del bíper, de las cartas, de los mensajes y de montones de correos electrónicos que el cliente usaría en su incesante búsqueda de su liberador.

Todos nacimos con una tendencia natural de apegarnos a un salvador hasta el punto de adorarlo. A verlo en lo más alto. Por eso es mejor que nuestro liberador sea Cristo. Sólo con Él estamos seguros. Isaías 43.11 lo dice sucintamente: «Yo, yo soy el Señor, fuera de mí no hay ningún otro salvador».

Nadie más puede soportar el peso de esta responsabilidad. Se puede intentar por un rato. Tal vez momentáneamente sea placentero, porque cuando alguien la admira y depende de usted, aquello se le puede ir a la cabeza. Pero tarde o temprano soltará la cuerda. La carga es demasiado pesada para llevarla. Como los hombres que bajaron al paralítico a través del techo de una casa donde Jesús estaba enseñando, usted finalmente tendrá que soltar la cuerda y dejar a la personas con Jesús.

Mi amiga Liz y yo nos hemos apegado mucho gracias a la grabación de una docena de estudios bíblicos. De hecho, nadie se para tan recto delante de mí como lo hace ella. Es mi maquilladora. Unos cuantos días atrás, cuando estaba terminando de ponerme el delineador de ojos antes de una grabación, me contó una historia que no puedo dejar de compartirla con usted.

Por varios años, ella se encargó del maquillaje y ayudó con el vestuario para las festividades anuales durante la Navidad en su enorme y próspera iglesia en Nashville. Un coro de cientos de miembros, disfraces auténticos, y escenarios extravagantes hacían de éste un evento sin igual. A la audiencia le fascinaba ver a los animales vivos. Yo puedo entender por qué. Porque a la audiencia no le gustan los muertos.

Unos cuantos años atrás, ayudó a un joven que estaba haciendo el papel de Jesús a que se subiera en un caballo grande y majestuoso, el cual habían situado detrás de las cortinas, como se acostumbraba en tales casos. El caballo había sido entrenado para que esperara una orden antes de hacer su entrada, justo como lo había hecho por varias noches anteriores a ésta. Era la noche de clausura y estaban a sólo segundos antes de la escena final, en la cual Jesús estaba supuesto a entrar montado en un caballo blanco, tal y como lo describe Apocalipsis 19. Liz había puesto bien la corona sobre la cabeza del actor e hizo lo imposible para asegurarse de que sus vestiduras estuvieran correctamente posicionadas para que fluyeran dramáticamente detrás de él mientras el caballo hacía su entrada triunfal. La escena, me dijo, siempre había sido una sorpresa gloriosa y efectiva. La audiencia siempre se alborotaba.

Pero sucedió lo imprevisto. De repente, el caballo confundió un ruido que se produjo al azar como si hubiese sido la orden que estaba esperando, y salió intempestivamente al centro del escenario. El actor, totalmente desprevenido, cayó dando tumbos en medio de la plataforma. Según me dijo Liz, la corona rodó por lo menos un kilómetro. La iglesia estaba llena y unas cuatro mil personas exclamaron al unísono: «¡Ohhhhhhhh!» Luego, silencio total. No tengo idea de lo que pasó después. Perdí el control en el momento en que el jinete lo perdió.

Le voy a decir a usted lo que le dije a ella después de recobrar la compostura. Eso es lo que pasa cuando alguien trata de hacer el papel de Jesús. Tarde o temprano, va a caerse del caballo, se va a dar un tremendo tumbo, y su corona va a rodar hasta que gire y se detenga allí mismo, al pie del Inimitable. Y como ya se lo imagina, Liz tuvo que volver a ponerme el delineador de ojos.

Quizás este capítulo no haya significado mucho para usted. No lo sé. Tal vez no pueda acordarse de algún tiempo en que usted hizo responsable a otra persona por su felicidad... su integridad... su satisfacción... su sanidad... su futuro.

Pero también, quizá un poco de la neblina se haya disipado sobre una relación que pensó que iba a ser una liberación de toda clase de cosas. En vez de eso, quedó desilusionada y decepcionada cuando esa persona soltó la cuerda posiblemente desconsolada. Tal vez esté empezando a ver ahora que esa persona no estaba siendo cruel sino solamente humana. No tenía lo que necesitaba tener para ser su liberadora. Quizás usted pueda permitirle a Dios que la traiga a un lugar donde pueda perdonar a esa persona por no poder ser Jesús. O tal vez debería botar a alguien que todavía insiste en tratar de ser Él. Quizás usted, como yo, podrá perdonarse por poner a alguien en un lugar para que falle. Tal vez esa persona fue usted. Y quizás ambas podamos dejar que Jesús sea Jesús.

*Y
me
plantó

EN
TERRENO
FIRME.*

CAPÍTULO SEIS

Los tres pasos para salir del pozo

Usted puede optar por Dios. Deshaciéndose de cualquier otro plan, puede optar por Dios. Gracias «aunque en realidad no gracias a cualquier otro liberador», usted puede optar por Dios. Aunque no tenga idea de cómo trabaja, puede optar por Dios. Sin conocer el Antiguo Testamento a partir del Nuevo, puede optar por Dios. No solo por su ayuda, sino por todo lo que Él es. Por Dios en su sentido más integral.

¡Oh! ¡Qué maravilla de Uno que, a la vez, es Tres! Usted puede optar por el *Padre*, que gobierna como Rey sobre cada detalle intrincado del universo y al mismo tiempo puede ocuparse de una vida tan pequeña y complicada como la suya y la mía. Él, que podría detener el sol del mediodía si eso llegara a necesitarse para que usted obtenga su victoria. Él, que podría tirarle una estrella como una piedra a su enemigo si este llegara a meterse en su camino.

Puede optar por el *Hijo*, quien pagó todo lo que usted debía, no sólo para llevarla de la tierra al cielo cuando muera, sino también para llevarla del pozo al pavimento mientras usted viva. En Él, usted tiene todos los derechos de la hija heredera, incluyendo el derecho a vivir en victoria. ¿Está escuchando lo que le estoy diciendo? No me importa la clase de adicción que haya tenido, o los tipos de lugares en los que haya estado, usted tiene los mismos derechos a florecer en la abundancia de Cristo que Billy Graham. Él le diría lo mismo. No necesita bajar la cabeza, a menos que Cristo la haya coronado con tanto amor y compasión que el peso le haga bajarla en alegre adoración y gratitud.

Puede escoger al *Espíritu Santo*, quien fue el que primero se movió sobre las aguas del Génesis y que del caos trajo el orden. El que llena cualquier vasija dispuesta, desde adentro hacia fuera, con poder que se derrama desde el Trono. El que permite a las personas desprovistas de santidad ser santas, por medio de su presencia que está dentro de ellas. El que, a invitación nuestra, se filtra como el agua debajo de cada puerta cerrada de nuestras almas, llenando cada lugar vacío, hasta que las aguas crezcan tanto que saquen la puerta de sus bisagras... y estemos completamente abiertos ante Él.

Lo hermoso de optar por Dios es que usted está optando por todo lo que Él trae consigo. Como Él es infinito, usted nunca llegará al final de todo lo que Él ofrece. No hay nada como engranarse completamente a Dios. *Nada*. Una vez que usted haya probado lo que yo he probado, nada en el ámbito físico puede llegar a su nivel aunque todo empieza a brillar a causa de eso. El amor de Dios es mejor que la vida misma. No tiene comparación.

Si está dispuesta a involucrar a Dios como su liberador del pozo, la relación que va a desarrollar con Él va a ser la cosa más gloriosa que jamás le haya sucedido. Mucho más gloriosa que la misma liberación.

Si acepta lo que Dios le ofrece para que pueda vivir en victoria, usted hallará gratitud en su corazón por cada persona que la desilusionó. Porque, en última instancia, aquella desilusión dio lugar a la relación más maravillosa que experimentará en su vida.

Si está dispuesta. Aquí viene el reto. Quizá quiera cerrar este libro después de lo que lea en los próximos quince segundos, pero si decide aceptar el reto, usted está en vías de salir de ese pozo. Este es el punto: Dios quiere todo lo que usted tiene. Prioridad indiscutible. Todos los huevos en una canasta. Todo su peso sobre una extremidad. En el momento en que usted se decida a hacerlo, Él lo tomará de la barbilla y le dirá: «Aquí, hijo. Mira para acá. No mires ni para la derecha ni para la izquierda. Mírame recto a la cara. Yo soy tu liberador. No hay nadie como yo».

Dios o va a ser su liberador completamente o no lo será. Esa es la regla del rescate divino. Esto se lo puedo decir tanto basada en las Escrituras como por experiencia: Dios rehúsa compartir su gloria. Cualquiera que comparta su posición como liberador en su vida estará compartiendo su gloria. A Dios no le gusta eso. Tarde o temprano, alguien va a fallar y usted no va a querer que sea Dios. Quizás Él use a unas cuantas personas en su vida: amigos, un consejero, un familiar u otro creyente para que vengan a su lado y le animen como parte de su proceso. Pero sólo Él debe liberarla o usted nunca será libre.

¿Está desesperada por salir de ese pozo? ¿Y alejarse de ese ciclo que la vuelve a meter en él? Si decide tomar la determinación con visión de túnel de la que habla Isaías 50.7, estará empezando a salir. «Por eso endurecí mi rostro como el pedernal, y sé que no seré avergonzado».

Como ya establecimos esa regla inquebrantable, pongamos manos a la obra. Para llegar a donde queremos ir, necesitamos saber cómo hacerlo bíblicamente.

Mi intención a través de las páginas de este libro es ser mucho más que solamente espiritual. Por favor, Señor, quiero ser más práctica. Un número sorprendente de nuestras iglesias nunca toca temas como el pecado, la adicción y la derrota. Hay una cantidad abrumadora de sermones que le hacen sentirse bien, que llega a estar muy cómoda en el pozo en que se encuentra. Pero esa no es la meta. Las palabras tranquilizantes pueden ser nada más que otra droga que tomamos para mitigar nuestro dolor.

Por otro lado, otros ambientes cristianos que en realidad sí tienen el valor de llamar pecado al pecado, algunas veces pueden ser interminablemente tediosos sobre qué está mal en nuestras vidas y lamentablemente breves en cuanto a qué hacer para arreglarlo. En un mensaje típico de cuarenta y cinco minutos, a menudo se gastan treinta y cinco martillando sobre nuestras transgresiones y fallas y cinco en qué hacer sobre ellas. Nunca confunda lastimarse en la iglesia con sanarse en la iglesia.

Imagínese que asista a un programa sobre cómo perder peso y durante la mayor parte de la sesión le estén diciendo: «¡Usted está muy gorda!», seguido de una conclusión concisa de dos palabras: «¡Pierda peso!» Usted saldría de allí bien animada, ¿verdad? ¿Lista para la acción, o atraída como un imán para comprar una gran porción de helado mientras va camino a casa? A diferencia de este ejemplo, innumerables grupos organizados para la pérdida de peso merecen que se les reconozca el mérito porque realmente equipan a sus participantes para que tengan éxito, con los vencedores compartiendo con franqueza qué es lo que descubrieron, y con los que todavía están en derrota, parados de puntillas en el pequeño rayito de esperanza.

Nosotros los cristianos tenemos en nuestras manos el incomparable manual de vida, repleto de instrucciones, razones e innumerables ejemplos reales y humanos para ilustrarlas. Así que, ¿por qué andamos de derrota en derrota? Ironía dolorosa. Muchos de nosotros que estamos en círculos cristianos más estrictos, hemos substituido equipar y ser equipado con palizas semanales: «¡Estás muy_____!» «¡Pierde _____!» Y probablemente están en lo cierto; somos muy orgullosos, egoístas, mundanos, lujuriosos, o lo que sea. Y sí necesitamos perder la causa fundamental de esos pecados. Pero, ¿cómo la perdemos? ¡No sabemos ni cómo la adquirimos! Si verdaderamente nos sentimos culpables, nos arrastramos al altar y le decimos a Dios cuán arrepentidos estamos… *otra vez*. Y lo hacemos por buena razón. Nos sentimos muy mal. Nos sentimos muy tristes. Sabemos que algo tiene que cambiar, pero tenemos tantos problemas, que no sabemos dónde empezar. Ni siquiera sabemos quiénes somos sin ellos.

Aún así seguimos regresando a la iglesia porque pensamos que nos merecemos, si no el infierno, al menos una paliza semanal. Y así arrastramos nuestras almas aporreadas al auto, sintiéndonos más derrotados y condenados que cuando llegamos. Si tenemos un vehículo lo suficientemente lujoso (yo no lo tengo), tal vez ronronee cuando le metamos la llave, nos acaricie con aire acondicionado, nos tranquilice con música, y nos diga algo bonito cuando encendamos el motor.

Quizás hasta nos dé la dirección para llegar a un buen restaurante. Sí, porque hoy en día tenemos autos que hacen un mejor trabajo en decirnos cómo llegar a donde queremos ir del que hace la comunidad cristiana.

No es mi intención sonar cínica. Yo quiero mucho al cuerpo de Cristo, y Dios sabe que amo a la iglesia. He visto a Dios hacer milagros en tantas vidas, pero soy intransigente respecto de las miles, o tal vez cientos de miles de personas que todavía residen en un pozo. Ninguno de nosotros tiene que quedarse allí. Todos los que auténticamente llamamos a Jesús Señor tenemos el derecho y el poder para ser vencedores.

Contrario a la práctica popular, pasar al altar en una iglesia no servirá de nada, no importa cuánto llanto y rechinar de dientes acompañe la caminata. No me malinterprete. Yo creo fervientemente en eso de caer de rodillas en el altar de una iglesia y lavar los pies invisibles de Jesús con mis lágrimas. Pero si regreso a mi asiento sin la noción de cómo seguir adelante desde allí, ¿cómo podré escapar jamás de mi pozo y descubrir cualquier asomo de vida abundante?

Necesitamos respuestas duraderas que no sólo estén dirigidas a nuestros comportamientos. Necesitamos respuestas que accedan el poder del cielo, y que cambien los pensamientos y los sentimientos que motivan esos comportamientos. Me llena de felicidad saber que Dios le está dando voz a un número creciente de maestros y predicadores que están dispuestos a andar lo largo y lo ancho de las Escrituras para ayudar a que la gente que está atrapada pueda encontrar sanidad y formar nuevos hábitos. Mi esperanza es hacer lo mismo y ofrecer algunas respuestas prácticas que puedan ser sacadas de estas páginas y usadas en el diario vivir. Nunca sabemos por qué, después de unas mil voces, Dios de repente hace que una de ellas atraviese la pared de ladrillo de nuestras mentes y tenga sentido. Nos dé esperanza. Creyendo con todo mi corazón que Dios ordenó su camino hacia este mensaje, oro para que este sea su tiempo. Y esta es mi ofrenda.

Yo creo que la Biblia propone tres pasos para salir del pozo y su boca está involucrada en cada uno de ellos:

- Clame
- Confiese
- Consienta

Repita estos tres pasos una y otra vez hasta que caigan sin esfuerzo de su lengua y queden entretejidos en su materia gris. Si se lo permite, se harán vida para usted. Veamos cada paso. Nuestra parte del proceso empieza y se extiende en una acción muy específica descrita en el salmo 40, una porción de las Escrituras que se convirtió en la inspiración de este libro:

> Puse en el Señor toda mi esperanza;
> él se inclinó hacia mí y escuchó mi clamor.
> Me sacó de la fosa de la muerte,
> del lodo y del pantano;
> puso mis pies sobre una roca,
> y me plantó en terreno firme.
> (Salmos 40.1-2)

En este pasaje, la liberación del residente del pozo empezó con un clamor. No estoy hablando de lágrimas aunque el llanto puede acompañar a este clamor, pero las lágrimas solas no significan mucho. Probablemente ha oído el dicho: «El sentimentalismo no es el indicio de un corazón tierno. Nada llora más abundantemente que un pedazo de hielo». Podemos llorar hasta que se nos caigan los ojos por el dolor de nuestra situación y aún así no querer cambiar. Esa clase de lágrimas fluye a menudo de nuestra desesperación para que *Dios* cambie y calme nuestra frustración según la cual Él no lo hace. Si usted es como yo, a veces querrá que Él haga una excepción a las reglas y bendiga su desobediencia o su desgano. ¿Quién no quiere un atajo? ¿No queremos todos que Dios bendiga nuestra cooperación mínima con resultados gigantescos? ¿Una unción poderosa? ¿Una cosecha sensacional? ¿Una vida familiar completamente alterada? ¿Una despedida final a la adicción?

Que Él no quiera acceder a nuestra voluntad tal vez nos parezca que no tiene compasión a la luz de todo lo que hemos aguantado, pero Él está buscando lo mejor que nos pueda pasar en la vida. Dios nunca va a ser codependiente con usted. Nunca le va a dar palmaditas en la espalda rota y decirle: «¿Quién la puede culpar de todo esto?» Él quiere que usted se levante y viva abundante, profunda y efectivamente.

Y todo empieza con un clamor. La clase de clamor de la que habla el salmista cuando dice que brota desde la parte más profunda del alma de una persona, como si su vida dependiera de ella. Este clamor desde las profundidades hace buen uso del pozo por primera vez, dirigiendo la petición a través de esas paredes angostas directamente al trono de Dios, como si hubiese lanzado fuegos artificiales desde el cilindro de una vela romana. No puede ser cualquier oído para el que llora. Él está dirigiéndose a Aquel que hizo todas las cosas, que administra todas las cosas, y que puede cambiar todas las cosas. El que dice que nada es imposible.

Es difícil encontrar un concepto más repetitivo en las Escrituras que aquel que se refiere a que la intervención de Dios llega como respuesta directa a alguien que está clamando. Aquí hay unos cuantos ejemplos sacados como peces de un mar lleno de ellos:

- «Él librará al indigente que pide auxilio, y al pobre que no tiene quien lo ayude» (Salmos 72.12).

- «Al verlos Dios angustiados, y al escuchar su clamor, se acordó del pacto que había hecho con ellos y por su gran amor les tuvo compasión» (Salmos 106.44-45).

- «El Señor es refugio de los oprimidos; es su baluarte en momentos de angustia... No pasa por alto el clamor de los afligidos» (Salmos 9.9, 12).

- «Yo amo al Señor porque Él escucha mi voz suplicante. Por cuanto Él inclina a mí su oído, lo invocaré toda mi vida» (Salmos 116.1-2).

- «Clamo al Señor a voz en cuello, y desde su monte santo Él me responde» (Salmos 3.4).

¿Por qué el proceso comienza con nuestro clamor? ¿Por qué no puede empezar solamente con nuestra necesidad? Digo, Dios lo sabe todo, ¿no? Él sabe qué es lo que necesitamos antes de que se lo pidamos, así que ¿por qué hace que nos tomemos esa molestia? ¡Parece un maniático del control!

¡Por favor, no se haga la sorprendida! Sea sincera. ¿No es eso lo que pensamos a veces? Claro, Dios puede hacer lo que Él quiera. Él puede correr a rescatar a cualquiera, sea que esa persona esté o no consciente o reconozca o no que es Él quien la está rescatando. Quién sabe cuántas veces Él lo ha hecho por nosotras y simplemente nunca supimos de qué problema nos libramos. Sin embargo, las Escrituras prueban que Dios más frecuentemente espera a que el reto venga y que los que están dolidos clamen, tal y como lo vemos en Éxodo 3.7-8:

> Pero el Señor siguió diciendo: «Ciertamente he visto la opresión que sufre mi pueblo en Egipto. Los he escuchado quejarse de sus capataces, y conozco bien sus penurias. Así que he descendido para librarlos del poder de los egipcios y sacarlos de ese país, para llevarlos a una tierra buena y espaciosa, tierra donde abundan la leche y la miel».

Dios es soberano y tiene sus propias razones al responder de las formas en que lo hace. Pero por lo que yo le puedo decir acerca de Él, pienso que usualmente espera que nosotros clamemos para que

Él pueda quitar toda duda sobre quién fue el que vino a rescatarnos. Si nunca clamáramos y no pudiésemos darle el mérito a ningún ser humano cuando los fuegos furiosos de nuestras pruebas se convierten en ascuas, es muy probable que le adjudiquemos nuestra liberación a una casualidad circunstancial o a filosofías empalagosas como: «Las cosas tienen una manera de arreglarse solas, ¿verdad?»

Las cosas no se arreglas solas. Dios las arregla. Bienaventurado aquel que sabe esto.

Es más, Dios ve una gran ventaja en esperar nuestro clamor porque Él inequívocamente actúa sobre la base de la interacción. Mientras se encuentra en el proceso de salir del pozo, nunca pierda de vista el hecho de que Dios siempre va a estar más interesado en que usted conozca a su Sanador que en experimentar su sanidad; que conozca a su Liberador, que su liberación. El Rey de toda la creación quiere revelársele a usted. Su Alteza está dispuesto a venir a nosotros en nuestra bajeza. Nuestro clamor destapa la cisterna en la cual nos encontramos atrapados. Expresa franqueza. Disposición. Eso es lo que Dios busca de nosotros.

La clase de clamor que describe el salmista puede venir del desesperado (Yo *necesito* a Dios y sólo a Dios), o del metódico (Yo *quiero* a Dios y sólo a Dios). Recuerde, no siempre tenemos que esperar hasta que estemos desesperados. Podemos ser lo suficientemente sabios como para saber cuán desesperados iremos a estar si no clamamos inmediatamente. Cualquiera de las dos formas, no importa cómo suenan a los oídos humanos, ascienden al trono con el volumen de una sirena en un cuarto de baño. *Clame.* Abra su boca y diga: «Dios,

¡ayúdame!» y dígalo de corazón. No sólo por decirlo. No a medias. Dígalo con todo lo que tenga por dentro, mire hacia arriba y clame. Haga que el cielo se paralice. Llame la atención.

Tal vez usted debería hacer como un joven que vi no hace mucho. En los aeropuertos o en los aviones me encuentro con las cosas más extrañas. Como observadora empedernida, pocas cosas me causan más gracia que las extravagancias de la gente. Supongo que me gusta esa clase de compañía, porque yo misma soy rara. Recientemente me senté en el asiento del medio en la sexta hilera en un avión que estaba repleto de gente. A pesar de que yo tenía un montón de millas aéreas acumuladas, no me elevaron de categoría, pero conseguí un asiento en la sección que me gusta llamar: «un poco más de clase», justo a dos hileras sur de la cortina que divide ambas clases. Una pareja como de unos treinta y pico de años, la cual era atractiva y lo sabía, se sentó justo frente a mí con un niño pequeño y adorable. A menos que yo no sepa diferenciar entre mi cabeza y un hoyo en el suelo, la pareja era bastante acomodada, lo que se podía apreciar en su ropa de alta costura italiana.

Con todo el equipaje de mano en los compartimientos superiores, las mesas en posición vertical, los asientos erguidos y los pasillos vacíos, estuvimos rodando por la pista de despegue por tanto tiempo que pensé que tal vez saldríamos a la autopista y nos iríamos por tierra. Finalmente el piloto les dijo a las azafatas que se sentaran porque nos habían dado el visto bueno para despegar. Apenas estábamos empezando a sentir la fuerza de la gravedad del acelerador, cuando el joven y apuesto esposo empezó a chillar. Y digo *chillar*.

Me erguí en mi asiento tratando de ver si lo habían apuñalado o si nos habían secuestrado. Sus gritos se volvieron bramidos retumbantes que se podían oír hasta por sobre el rugido del motor: «¡Detesto viajar! ¡Lo detesto! ¡Ohhhhhh! ¡Nos vamos a estrellar! ¡Ayúdenme! ¡Awwwwh! ¡Yo odio esto! ¡Odio viajar! ¡Sáquenme de aquí!» Y así siguió por unos cinco minutos.

El cielo encapotado de Houston no ayudó para nada. Fuimos por todos lados tratando de encontrar una porción de cielo tranquila pero no la encontrábamos. Con cada sacudida, nuestro compañero de viaje iba diciendo cómo se sentía. Mi barbilla se me había caído hasta el cinturón de seguridad. No sabía otra cosa que hacer más que orar por ese pobre hombre. En un momento pensé que quizá sería más efectivo si extendía mi mano hacia él como a veces hacemos en oraciones de grupo. Usted sabe, como las manos de Moisés. Y así lo hice.

Mi gesto hizo que el hombre sentado a mi lado se pusiera nervioso y empezara a respirar con dificultad. Miraba de un lado a otro como buscando una salida. Yo pienso que se imaginó que le estaba haciendo un exorcismo al tipo que estaba gimiendo y que posiblemente él sería el próximo.

Las azafatas no se movieron de sus asientos. Y cuando finalmente aparecieron, hicieron caso omiso del joven, lo mismo que había hecho todo ese rato el niño pequeño, pero en este caso, el mérito se lo adjudico al Benadryl que seguramente le habían dado.

La crisis terminó tan abruptamente como había empezado. Cuando me acuerdo del incidente, me pregunto si ya él no lo habría hecho anteriormente. Su joven esposa ni una sola vez le dio unas palmaditas en el brazo, le dijo una palabra de consuelo o le hizo la pregunta obvia: «¿Qué es lo que te pasa?» En vez de eso, se le quedó mirando con una mirada de indiferencia con la que parecía estarle diciendo: «¿Ya casi terminas?»

Apenas el avión dejó de sacudirse y el piloto apagó la señal de mantener los cinturones de seguridad abrochados, el esposo se limpió la cara, se sopló la nariz, abrió su novela, y se comportó tan feliz como una lombriz por el resto del viaje. Lo más fuerte que tomó fue una Coca Cola de dieta, pero no puedo decir lo mismo del trío que estaba sentado frente a él. Sus caras permanecían pálidas.

El tiempo voló hasta que el piloto les pidió a las azafatas que prepararan la cabina para otra llegada puntual. Todos nosotros en las tres hileras alrededor del señor Llantito tratamos de prepararnos para un aterrizaje emocional. Él estaba tan tranquilo como un gato en un área asoleada durante un día de frío. Figúrese.

Pero espere. Seguro que usted va a pensar que él estaría un poco apenado cuando empezáramos a dirigirnos hacia la salida después de haber recogido nuestro equipaje de mano. Pero no. Estaba completamente cómodo en su piel bronceada. Actuó como si nada en la tierra pudiese ser más normal que sacar los temores cuando se tienen. ¡A que ese tipo va a vivir más años que el resto de nosotros... si su esposa se lo permite!

Usted puede gritar así como él. Estridente y efusivamente. Yo lo he hecho. O lo puede hacer con la cara en el suelo y sin ruido, excepto por un gemido que ni usted misma puede interpretar. Como quiera que lo haga, hágalo. Y de corazón. Si no puede, si su garganta está muy reseca del dolor y su alma está tan agotada sin la energía que se necesita, pídale a Dios que le dé lo que necesita. Clame al único que la puede liberar.

Después que haya clamado, *confiese*. Piense en pecados, pero después piense más allá de eso. Porque aunque es absolutamente vital confesar los pecados, ese no es el único modo en que confesamos.

La confesión en el sentido más amplio es el medio por el cual podemos abrir nuestros corazones y nuestras almas ante Dios. La confesión es la manera de estar de acuerdo con lo que Dios dice de sí mismo y de nosotros. La confesión ocurre cada vez que usted le dice a Dios cuánto lo necesita. Le dice lo que está en su mente. En qué lío se ha metido. Quién está metida con usted. Qué es lo que la está deteniendo. Qué es lo que tiene en su corazón. Quién la está molestando. Quién hizo que se enojara. Quién no la deja en paz. Quién le rompió el corazón. Aunque su primer impulso sea pensar que es Él el causante de todo eso, dígaselo. Si lo pueda sentir, sáquelo de adentro de usted. Salmos 145.18 dice: «El Señor está cerca de quienes lo invocan, de quienes lo invocan en verdad».

Todas estas cosas son confesiones, pero haga lo que haga, no pase por alto el beneficio incomparable de confesar también el pecado. Sáquelo y mire hacia arriba cuando lo esté haciendo. Deje que la luz de Dios brille sobre su pecado para que así ustedes dos lo puedan resolver y para que Él pueda sanarla. Todo el mundo tiene cosas que confesar. Nunca vamos a ser tan súper espirituales como para que podamos auténticamente pasar días sin nada que confesar, especialmente considerando que Dios pone nuestras actitudes y nuestros motivos al mismo nivel de nuestras acciones.

Y mientras lo haga, no se olvide de sacar sus pecados de orgullo. Nada contribuye más a la duración de nuestra estadía en el pozo que el orgullo. El orgullo es la razón número uno por la cual una persona que sabe que debe hacerlo se mantiene renuente a clamar a Dios. Al prepararse para salir de ese pozo, confiese cada pecado de sus propias acciones, palabras o pensamientos que cree que contribuyeron a su derrota. En mi jornada personal Dios me enseñó que nunca rompería el ciclo del pozo si no le decía cada contribución que hice y dejaba que Él lidiara con mis tendencias autodestructivas.

Aún si a usted la lanzaron al pozo, examine su corazón para ver si hay raíces de amargura o si la ira, la falta de perdón o la frialdad le están construyendo una casa allá debajo de la tierra. Examine su corazón y vea si, en algún lado en medio de su pérdida de control, usted trató de recobrarlo a través de la manipulación. Pregúntese si usa el amor como un arma. Yo tuve que hacerme cada una de estas preguntas. Sea tan específica como pueda, y cuando crea que ha pensado en todas estas cosas, pregúntele a Dios si hay algo que está pasando por alto. Es posible que este proceso tome días mientras Dios le revela cosas capa por capa. Continúe respondiendo mientras Él lo hace.

Dios nunca nos da una convicción para que nos sintamos desdichados. Él quiere restaurar nuestra comunión a través de accionar el interruptor para que recuperemos el poder. Recuerde que lo que busca Dios es la relación. La confesión es una forma en la cual podemos responderle cuando Él nos habla. Él inicia la conversación a través de la convicción, y nosotros le respondemos a través de la confesión. Mientras tanto, tiene lugar un milagro. El cielo y la tierra, lo inmortal y lo mortal, lo perfecto y lo imperfecto empiezan a dialogar. La convicción es una invitación personal para reunirse con Dios y la confesión es una respuesta con llegada inmediata.

Más que cualquier cosa, la confesión despeja el camino para que el Rey de gloria pueda entrar. Para poder salir de ese pozo y permanecer fuera de él, usted y yo necesitamos el poder sin obstáculos del Espíritu Santo. Los pecados no confesados obstruyen el conducto entre el trono de Dios y nuestra vasija. Si usted no se guarda nada, Dios tampoco lo hará.

A propósito, la confesión estará incompleta mientras no aceptemos activamente el perdón de Dios. Dele otra mirada a 1 Juan 1.8-9: «Si afirmamos que no tenemos pecado, nos engañamos a nosotros mismos y no tenemos la verdad. Si confesamos nuestros pecados, Dios, que es fiel y justo, nos los perdonará y nos limpiará de toda maldad». Y 1 Juan 3.21-22: «Queridos hermanos, si el corazón no nos condena, tenemos confianza delante de Dios y recibimos todo lo que le pedimos porque obedecemos sus mandamientos y hacemos lo que le agrada».

Si el corazón no nos condena. Nuestros corazones que se condenan a sí mismos no pueden obstruir nuestro perdón, pero pueden evitar que lo sintamos. El resultado será una resignación tergiversada de nuestra propia capacidad de pecar, en vez de la confianza en la habilidad que tiene Dios de restaurarnos. La conversación que Dios empezó a través de la convicción no termina con nuestra respuesta de confesión. Continúa con Dios diciéndonos a través de su Palabra que Él nos perdona (vea 1 Juan 1.9 y Miqueas 7.18) y completa el proceso en nuestra respuesta apropiada y liberadora de la aceptación con gratitud. Nunca vamos a salir de ese pozo si no creemos profundamente, hasta la médula de nuestros huesos, que Dios nos ha perdonado. Mire las palabras que el rey Ezequías le dijo a su Dios, en Isaías 38.17:

Sin duda, fue para mi bien pasar por tal angustia.
Con tu amor me guardaste de la fosa destructora,
y le diste la espalda a mis pecados.

¡A los míos también! ¡Esto es música para mis oídos!

Esta es la forma en que trabaja la confesión: Ponemos todos nuestros pecados a los pies de Dios; Él los recoge y los tira *todos* detrás de sus espaldas. En nuestros círculos cristianos constantemente hablamos de dejar nuestro pasado atrás. Eso no es suficiente. Es muy fácil para nosotros volvernos y recogerlos otra vez. Nuestro pasado debe estar detrás de las espaldas de Dios. De esta manera, si queremos regresar a nuestro pasado tendremos que ir a través de Dios. Venga y razonemos juntas, querida. Admita que usted no puede hacer mejor que esto.

La policía religiosa nos advierte que no debemos adoptar la creencia de que hemos sido perdonados. Ellos tienen miedo de que al Dios eliminar completamente nuestra carga de culpabilidad, nos haga tan libres que tiremos la prudencia al viento y regresemos al pozo. ¡Eso no es cierto! De hecho, lo opuesto es verdad. Nuestra tendencia de regresar al pozo una y otra vez es por nuestra convicción de que siempre vamos a ser basura. Que siempre vamos a ser derrotados. No sentirse perdonado es el motivador más poderoso para volver nuevamente al pozo. Pocas personas pensantes que se saben limpias por primera vez se sienten obligadas a correr y meterse en el lodo nuevamente. Casi siempre, los que se meten otra vez nunca creyeron realmente lo que Dios dijo acerca de ellos: Yo he echado todos tus pecados detrás de mis espaldas.

Clame.

Confiese.

Estamos considerando tres pasos para salir del pozo. El tercer paso es *consienta*. Este me encanta. Aquí estamos hablando del consentimiento como un verbo de acción. Una mirada a la definición de esta palabra como sustantivo nos dará un poco de luz sobre de qué se trata este paso: «Conformidad con algo o la aprobación de lo que se ha hecho o ha sido propuesto por otro... acuerdo como acción u opinión... acuerdo voluntario».[1]

El consentimiento es la parte más hermosa del proceso de salir del pozo. No hay ninguna ambigüedad acerca de este paso: Es definitivamente la voluntad de Dios. Determinar la voluntad de Dios en tantas otras áreas no es muy seguro. Como dónde quiere que trabajemos. A dónde quiere que nos mudemos. Dónde quiere que sirvamos. Con quién quiere que salgamos en una cita. Si debemos casarnos o no. Esta no es una de esas áreas inseguras. Esta es blanco y negro. Dios quiere que usted salga del pozo. Que sea una vencedora. Sin derrotas. Punto. Así que todo lo que tiene que hacer es consentir a lo que Él ya quiere.

¿Puede usted celebrar la simplicidad de este paso? Apenas lo entienda, yo creo que lo hará. 1 Juan 5.14-15 dice: «Esta es la confianza que tenemos al acercarnos a Dios: que si pedimos conforme a su voluntad, él nos oye. Y si sabemos que Dios oye todas nuestras oraciones, podemos estar seguros de que ya tenemos lo que le hemos pedido».

Querida amiga mía, la voluntad de Dios para con usted es que salga de ese pozo. Si se decide a hacerlo, esperando en Dios mientras Él empieza a mover, a empujar y a cambiar las cosas para su liberación, puede empezar a alegrarse porque *va* a suceder. Tal y como Dios lo promete en su Palabra. Si está lista para comenzar, yo estoy lista para decirle la manera más efectiva de hacerlo.

Cuando por primera vez le hablé de los tres pasos: clamar, confesar y dar su consentimiento, le dije que su boca está involucrada en cada uno de ellos. La parte irónica del proceso es que probablemente usted use su boca antes de usar su fe. Aquí está el por qué: Para la mayoría de nosotras que hemos fallado una y otra vez, nuestra fe casi se desintegra porque en algún lugar del camino confundimos la fe en Dios con la fe en nosotras mismas. Nos hemos decepcionado tantas veces que ahora estamos casi sin esperanzas. Sin embargo, en realidad nos hemos dado demasiados méritos. Pensamos que somos mucho para Dios. Que la fuerza que nos arrastra al abismo excede la fuerza con que Dios puede sacarnos. Por lo tanto, prácticamente nos hemos rendido. El proceso no puede empezar con nuestra fe, porque nuestra falta de fe es nuestro mayor problema. Tiene que empezar por otro lado.

Así como con nuestras bocas. Vamos a aprender a expresarlo. Y no me refiero a hablar entre dientes. Yo quiero que usted aprenda a clamar, a confesar y a consentir usando la Palabra de Dios. Y para hacerlo, cuando le sea posible, *hágalo en voz alta*. El volumen no es el punto. Todo lo que necesita es que sus propios oídos lo oigan. ¿Por qué? Yo estoy tan convencida de este concepto que casi me pongo de pie ante el teclado para escribirlo. Escuche, querida: «Así que la fe viene como resultado de oír el mensaje, y el mensaje que se oye es la palabra de Cristo» (Romanos 10.17). Su fe va a ser fortalecida cuando oiga su propia voz pronunciando las palabras de Cristo.

No conozco otra manera más poderosa de orar que usando las Escrituras. Mientras yo viva, le voy a enseñar este método en contextos apropiados porque he visto tantos resultados. No siempre oro usando las Escrituras, pero cuando se presenta y persiste una situación seria, cada vez acudo a la Palabra de Dios.

Una razón por la cual las Escrituras son de tanta ayuda es porque nuestros retos son a menudo tan abrumadores que no podemos pensar en las palabras correctas que tenemos que decir. Otra razón es porque le podemos transferir el peso de la responsabilidad a Dios y a su Palabra en vez de a nosotros mismos y evitar que a la larga, nos desmoronemos bajo ese peso. La Palabra de Dios tiene su propio poder sobrenatural. Es su propio aliento, diciendo que cuando usted lo expresa, la está liberando en sus propias circunstancias (vea 2 Timoteo 3.16).

Yo puedo sentirme completamente desesperada sobre una situación, pero cuando empiezo a clamar, a confesar y a consentir de acuerdo con la Palabra de Dios, pronto siento que el poder de su Espíritu me llena desde la punta de los pies hasta la coronilla. *La fe viene como resultado de oír el mensaje, y el mensaje que se oye es la palabra de Cristo.* Mi fe regresa y la pasión santa arde. Dios ama su Palabra; por consiguiente, si el Espíritu de Dios que vive dentro del creyente no ha sido sofocado por pecados que no han sido confesados, Dios responde cada vez que Él la oye. Sí, la fe es absolutamente crítica para el proceso, pero usted no se puede sentar en el pozo solamente hasta que un día, de la nada, de repente tenga fe para salirse. Deje que Dios use su boca para fortalecer su fe.

Si me lo permite, me gustaría darle un empujoncito para que pueda empezar el proceso. Al final de este libro encontrará Escrituras que he convertido en oraciones. Usted verá que las oraciones con Escrituras no tienen que, necesariamente, usarse en forma literal. Lo vital es que repitamos los principios de las Escrituras para que nuestra confianza pueda crecer en la certeza de que estamos orando la voluntad de Dios.

Usted también verá intervalos donde le animo a usar sus propias palabras, a que se desahogue y a que sea muy específica con Dios. Va a encontrar una serie de oraciones con Escrituras en el orden de clamar, confesar y consentir para cada día de la semana. Úselas una y otra vez por cuantas semanas sea necesario hasta que pueda hacerlo sola usando al menos algunos de los conceptos. No las deje a un lado cuando empiece a sentirse mejor. No estamos buscando que se sienta mejor. Nuestra meta es liberación del pozo *por el resto de su vida.*

En los días cuando se sienta triste, abrumada, o decepcionada, busque sus oraciones con Escrituras rápidamente. En los días que quiera hacer menos, haga más. Esté alerta en cuanto a las artimañas del enemigo. Él sabe que si puede hacer que deje de orar, podrá hacer que usted se quede en el pozo. Cuando la batalla se ponga recia, tenga por seguro de que tiene preocupado a su enemigo y que él está tratando de distraerla o desprestigiarla.

También espere que su carne sea un obstáculo. Ha estado en control por un largo tiempo y no va a ceder tan fácilmente. No importa cuán resistente usted se sienta, de todos modos practique sus pasos. De hecho, en los días en que se sienta más derrotada, más intimidada, considere hacer varias series en vez de una. Haga los segmentos de *clamar* juntos, luego los de *confesar*, y luego los de *consentir*. Haga lo que haga, no se detenga. Enséñele al enemigo que si no la deja en paz, usted va a invocar aún más a la Palabra de Dios. Al enemigo nada le hace más daño que la espada del Espíritu.

Me siento muy orgullosa de que haya llegado hasta aquí. Realmente deseo verla vencer y sé que lo va a conseguir. La Palabra de Dios me dice que lo hará. Porque este sistema funciona. Usted tiene el apoyo del poder de la plenitud de la Deidad. Tiene la voluntad del Padre, la Palabra del Hijo y la manera del Espíritu Santo. ¿Qué más necesita?

Y de todas formas, ¿qué es lo que tiene que perder, excepto el pozo? Así que empiece a hacer ruido. Apuesto que al fin de cuentas, va a tener una boca tan grande como la mía.

Alaba, alma mía, al Señor;
    alabe todo mi ser su santo nombre.
Alaba, alma mía, al Señor,
    y no olvides ninguno de sus beneficios.
Él perdona todos tus pecados
    y sana todas tus dolencias;
    él rescata tu vida del sepulcro
    y te cubre de amor y compasión;
    él colma de bienes tu vida
    y te rejuvenece como a las águilas.
(Salmos 103.1-5)

PUSO

en mis labios un cántico,

nuevo,

CAPÍTULO SIETE

Esperando la liberación de Dios

D ios puede liberar, en sólo un segundo, al criminal más insensible o al adicto más empedernido. Si Él quiere hacerlo, lo hará incluso con sus ojos cerrados y sus manos atadas a la espalda. Yo conozco gente que se puso a gusto en un pozo a unos 100 pies de profundidad y con unos 1.000 días de duración, y aparentemente sin advertencia, experimentó la liberación instantánea de Dios. En un momento estaban en la agonía del pecado habitual, y en el otro momento estaban tan libres como las aves del cielo.

Cuando eso sucede, pregunto cosas como: «¿Así que me están diciendo que eso fue todo? ¿Nunca cayeron en el pozo otra vez? ¿Toda la pesadilla se acabó? ¿Eso es lo que me están diciendo?»

«Sí», dicen ellos. «Eso es lo que te estamos diciendo». Y yo les creo, principalmente porque los observo como un halcón. No porque sea escéptica. Bueno, algunas veces lo soy. Pero mayormente los observo porque me gusta un espectáculo divino.

Un hombre al que llamaban Carolina fue una de esas maravillas de un segundo. Le pusieron ese apodo porque sus raíces eran de

Carolina del Sur. Carolina estuvo tras las rejas de cuatro prisiones americanas en tres diferentes estados, y actualmente está cumpliendo una condena a cadena perpetua en la prisión de Angola, estado de Luisiana. En medio de miles de presos duros, en lo que se conoce como «la prisión más sangrienta de América», Carolina tenía un gusto desmedido por la violencia, lo cual le dio la reputación de ser uno de los prisioneros más peligrosos de Angola. Escuche esta historia.

Cinco años atrás, Carolina se inscribió para participar en un retiro espiritual de tres días en la prisión. «Sólo fui por la comida que come la gente libre», diría más tarde. «Estaba planeando un acto muy violento y supuse que esta iba a ser mi última comida de las que come la gente libre. Para mí, Dios era un cuento de hadas y cualquiera que creyese en Él, era un hada».

Después de un día en el retiro espiritual, se aburrió y empezó a querer irse. Se puso tan inquieto que al encargado le empezó a entrar el pánico. Y de repente «sin previo aviso, sin oración, sin luces brillantes o trompetas, Dios me quitó la violencia y la amargura de mi corazón», dijo.

«Yo sé que aquello se había ido porque fueron parte de mi vida por cuarenta años. Pensé que me había vuelto loco... luego escuché a Jesús decir "Te amo" en palabras que sonaron como si salieran de los altoparlantes en un concierto. Sentí que en cada articulación de mi cuerpo, Jesús me decía: "Yo te amo". Empecé a llorar y lloré por dos semanas. No había vuelto a llorar desde que tenía siete años de edad».[1]

Jesús lo agarró. Carolina se tragó el anzuelo. Pero tengo el presentimiento de que nadie lo llama hada.

Puede que Carolina aún esté en una celda, pero ya no está en un pozo. Excitante, ¿verdad? Nada me hace más feliz que cuando Dios se luce de esa manera. Acabo de regresar de Anchorage, Alaska, donde les hablé a cientos de presas de una cárcel de mujeres que estaba justo en las afueras de la ciudad. El servicio era voluntario, así que las que estaban allí eran sólo aquellas que querían estar. Eso es como a mí me gusta, de todas maneras.

Algunas de las reclusas más jóvenes empezaron a llorar en el momento en que abrí la boca, y nunca pararon. Todavía se estarán preguntando cómo llegaron a meterse en ese enredo. Otras han estado allí tantas veces que pararon de preguntar. La mayoría estaba allí por drogas, pero oré por una mujer que fue encarcelada por asesinato. Muchas de ellas me enseñaron fotos de sus hijos, los cuales ahora eran propiedad del estado. Se me partió el corazón al ver la desesperación dibujada en el rostro de algunas. Sin Jesús, la historia se lee como profecía. Muchos están convencidos que el patrón del pasado determina un futuro inevitable. Si usted hoy tiene algo, quiere decir que siempre lo tendrá.

Les conté la historia del libro de Hechos cuando Pablo y Silas estaban en la prisión, cómo fueron duramente golpeados y encadenados, y cómo ambos, alrededor de la medianoche, empezaron a orar y a cantar himnos. No creo que empezaran a cantar porque querían hacerlo. No estoy segura si cantar le viene naturalmente a alguien que le acaban de arrancar la piel de la espalda. Pienso que estaban tan desesperados tratando de calmar la agonía que sentían, que decidieron concentrarse en Jesús. De todas maneras, no iban a poder dormir.

Sin duda que aquella fue una buena idea. No sé si Dios estaba aplaudiendo o moviendo su pie al ritmo de la música, pero «de repente se produjo un terremoto tan fuerte que la cárcel se estremeció hasta sus cimientos. Al instante se abrieron todas las puertas y a los presos se les soltaron las cadenas» (Hechos 16.26).

Los presos no se escaparon, pero de seguro que se llenaron de vida. Les dije a las mujeres que mi esperanza era que a ellas les sucediera algo así. A veces Dios, para liberarlas, las puede meter en una prisión de cualquier clase. Me fui esa noche orando para que Dios provocara un terremoto para algunas de ellas, y que el cielo oyera algunas de esas cadenas sonar como un golpetazo metálico al caer en el suelo de ese gimnasio. Tal vez Dios había marcado su calendario para una pequeña liberación instantánea. Nunca dudo que Él lo puede hacer. Me pongo totalmente eufórica cuando lo hace. Esa es la clase de testimonios que catapultan nuestra fe a la luna y hacen que nuestras congregaciones se pongan de pie, vitoreando como locos. Me gusta. Me encanta escucharlo. Me fascina verlo.

Pero yo nunca he experimentado algo así. Déjeme decírselo otra vez. Nunca. Ni siquiera una liberación instantánea de algo relativamente nimio, como un pozo pequeñito que haya excavado con una cuchara sopera en vez de con una pala.

Por ejemplo, quizás me alcance una temporada repentina de temor. De la nada, de repente tengo la sensación de que algo le está pasando a uno de mis seres queridos o que una relación cercana está siendo amenazada de alguna manera. A veces tengo la razón. Otras veces son inventos míos. Sólo que aún no lo sé. Depende de qué clase de imaginaciones vanas estén volando en círculos por sobre mi cabeza como bandadas de buitres, empiezo a sentirme ansiosa, insegura, o intimidada. En mi mente racional quizás sepa que el temor es infundado. Hasta ridículo. De todas maneras, algunas veces me dejo llevar por ese miedo hasta que me domina por completo.

No soy masoquista. Dios sabe que en el mismo momento en que me doy cuenta de que he hecho algo malo me dispongo a ser liberada en forma instantánea. Entonces, trato de orar y decir algo así como: «Señor, empezando hoy mismo, nunca más quiero pensar de esa manera de esa situación (o persona). Perdóname y líbrame de esto en el nombre de Jesús. Yo sé que me puedes liberar. Hazlo, por favor. Y, si puedo pedírtelo, hazlo en este mismo instante». Y de repente, todas esas imaginaciones vanas invaden mi mente otra vez. Sólo puedo pensar en esas cosas. Así que Dios y yo tenemos que ponernos a trabajar nuevamente.

El proceso tal vez dure unos cuantos días, unas cuantas semanas, o quizás salte de punto en punto en lo que se siente como una etcétera eterna.

Pero no puedo pensar en virtualmente nada de lo que Dios me ha liberado de la noche a la mañana. Cuando se trata de alto mantenimiento, yo soy la «A» de alto y la «M» mayúscula de mantenimiento. Hago bromas con mis compañeros de trabajo de que cuando mi vida se acabe, el epitafio más adecuado para grabar en mi lápida probablemente sería: «Dios se cansó».

Hace sólo unos cuántos días atrás estaba frustrada conmigo misma acerca de una relación que tengo con un miembro de la familia extendida, la cual no estoy manejando bien. Debería tener más madurez espiritual que estar sintiendo algunas de las cosas con las cuales estoy luchando. Lo que pasa es que estoy exhausta. Terriblemente cansada. No. Pensándolo bien, estoy enojada. No creo que la situación vaya a cambiar, así es que es mejor que acepte la señal de que Dios quiere que yo cambie. Yo quiero eso también. A mí menos que nadie me gusta este lado de mí.

Angustiada y detestándolo, ese día me levanté antes del amanecer y salí al patio de atrás donde tengo mi tiempo de oración en las mañanas. Yo oro mejor afuera. Es que hay algo en cuanto a no tener un techo entre Dios y yo. Yo sé que Él está presente tanto adentro como afuera, pero me encanta mirar hacia arriba a las estrellas del amanecer y hablar con el que las creó a ellas y a mí. Después de un rato, como un reloj, Dios ordena que se vayan del escenario y alza la cortina para que salga el sol. Una vez más, el sol sale sobre las nuevas misericordias que Él ha apartado sólo para mí. Ay, cómo las voy a necesitar.

Especialmente las necesitaba esa mañana. Plenamente consciente de mis defectos y teniendo un fuerte sentimiento de que Dios estaba diciéndome: «Yo no te levanté para que actuaras así», ni esperé que mi café terminara de prepararse. No estoy segura si cerré la puerta cuando salí. Creo que mis rodillas ya se me estaban empezando a doblar cuando pasé por el umbral. Allí mismo en el patio quedé tumbada. (Cuando esto ocurre tengo que encerrar los perros porque se alborotan y empiezan a olerme el cabello. No sé por qué. Creo que es para ver si sigo viva.)

Después de que me levanté, continué con mi tiempo de oración regular en la mesa del patio y dejé que Dios me tranquilizara con su amor y me instruyera con su Palabra. No fue sino hasta después que me di cuenta que tenía unos pedacitos de gravilla adheridos en la frente. Casi me reí a carcajadas. Para algunas de nosotras, especialmente esta su servidora, sería sabio empezar nuestro día con las frentes en el suelo y vivir el resto del día con el suelo en nuestras frentes.

Le digo, Dios y yo trabajamos duro juntos. Tal vez usted también consume una buena cantidad de energía divina y, si es así, a lo mejor podamos compartir un poco de aliento mutuo por la contrariedad de nunca hacer cualquier cosa fácilmente. He llegado a la conclusión elemental que, para Dios, estar *juntos* es la clave de cualquier proceso. Antes de que el hombre fuese creado, Dios nada más decía algo y sucedía. «Que exista la luz» y existía. Él todavía podría hacer eso. De hecho, a veces todavía lo hace. Pero mucha de esa acción instantánea cesó después de la llegada del hombre y, obviamente porque Dios así lo quiso. De repente, Dios ya no era tan repentino. El tiempo se convirtió en el vehículo de esta cosa tan maravillosa llamada historia. No se puede ni apresurar ni retardar. Lo único que se puede hacer es dejarse llevar por él. Y qué experiencia fue para todos aquellos que estuvieron antes de nosotros.

¡Qué experiencia es para nosotros ahora! Dios grabó la historia, no en tierras y naciones, sino en vidas humanas. No en súper humanos. Ni siquiera en humanos particularmente impresionantes. Dios parece llamar a la fe a los que más falta de fe tienen. Él es un imán para la debilidad, quizá la prueba verdadera de que los polos opuestos realmente se atraen. La historia se registra a través de encuentros y experiencias de los hombres y las mujeres que Dios llama a que lo conozcan, a que confíen en Él, a menudo bajo circunstancias casi imposibles. La gente es propensa a caminar sin rumbo fijo, propensa a herirse, propensa a dudar, propensa a perder.

Piénselo. Dios hubiese podido lograr en un instante muchas cosas en vez de alargarlas a través del aburrimiento de los años. Sara pudo haber sentido a Isaac dando patadas animadamente dentro de ella antes de que el polvo de Ur se cayera de las sandalias de Abram. Dios toma su tiempo porque es el tiempo que Él se puede tomar. Pero aún así, si el hombre no hubiese estado presente, personalmente creo que Él regresaría al modo de acción instantánea. ¿Por qué esperar si no hay nadie que espere con usted? Dios creó el tiempo para el hombre. De hecho, hasta las palabras «en el principio» marcan el tic-tac del primer reloj. La Trinidad no tiene esos límites en el estado eternal. Una espera está basada en el tiempo y, por lo tanto, primordialmente está basada en el hombre. Yo creo que, a lo mejor, entre una gran cantidad de otras razones, a menudo Dios predestina una espera porque sencillamente disfruta la unión que surge de ella.

Recientemente, uno de nuestros mejores amigos contrajo una infección de estafilococo y besó a la muerte en la mejilla tantas veces que todavía no sabemos cómo no se fue al cielo. Sus amigos más cercanos se mantuvieron en la puerta de la Unidad de Cuidados Intensivos (UCI) por días. No habíamos estado tan unidos así en años. No teníamos tiempo. De repente, una crisis de vida o muerte llegó e hicimos tiempo. *Relación.* Esa es una de las mejores cosas que pueden salir de una sala de espera. Aún la fe en Dios que una espera intensa demanda, está basada en la relación. Dios nos llama a que caminemos en fe porque la fe requiere un compañero para depositarla.

No hace mucho, cuando luchaba contra esos terribles problemas de salud, una amiga cariñosa estaba un poco desconcertada sobre la distracción que Dios había permitido en mi vida durante un tiempo tan ocupado. Yo sé que no tenía que encubrirlo, pero lo hice de todas maneras. «Yo creo que Él me extrañó», le dije un día. Ella asintió con un movimiento de cabeza. «Entiendo». Y por la forma en que sonrió, supe que ella había experimentado exactamente lo mismo que yo estaba diciendo. En los días relativamente tranquilos, antes del problema de salud, yo todavía lo buscaba y le servía en una capacidad u otra, prácticamente cada día y, sólo Él sabe, yo todavía lo amaba. Pero una vida tranquila e invariable, eventualmente hace que descuidemos nuestra espiritualidad. Yo quiero un fuego consumidor que arda dentro de mi alma, y si tiene que venir a través de una prueba fuerte, entonces que así sea. Quiero a Jesús. Quiero mucho de Él. Y obviamente, Él me quiere. *Completa.*

Lo mismo es con usted. Tal vez podamos tomarlo como un elogio. Como dijimos en el capítulo seis, la relación es muy importante para Dios. Se necesitan dos para bailar un tango, hasta para salir de un pozo. Su parte es sacarla. La parte suya es aferrarse desesperadamente a Él. Ese es el tango de la libertad.

La liberación instantánea es lo que motiva a algunas personas a que se adhieran al costado de Jesús. La estupenda manifestación de su poder y majestuosidad es suficiente como para que queden pegados para siempre. Otros como nosotros, después de experimentar una liberación instantánea, estamos agradecidos por un rato, pero pronto nos vamos por nuestros propios caminos, asegurándole a Dios que le haremos saber cuando lo volvamos a necesitar. Usted sabe cómo es eso: *No nos llame. Nosotros le llamaremos.* Así es como yo sería, probablemente.

Ahora que pienso en ello, el hecho de que no pueda recordar haber experimentado una liberación instantánea quizás no signifique que no haya sucedido. A lo mejor indica que no significó lo suficiente para mí como para recordarlo. Escuche, querida. Dios hace que trabaje cualquiera cosa, ya sea de una manera instantánea o por un proceso largo. Obviamente, un proceso trabaja mejor para mí, porque basado en nuestro historial, Dios y yo verdaderamente nos metemos de lleno.

¿Usted también? Entonces estamos en buena compañía porque aparentemente Dios y el salmista también estaban en un proceso. Lea cuidadosamente las dos primeras palabras que salieron de la boca del salmista en su testimonio de liberación del pozo:

Pacientemente esperé a Jehová,

y se inclinó a mí, y oyó mi clamor.

Y me hizo sacar del pozo de la desesperación, del lodo cenagoso; Puso mis pies sobre peña, y enderezó mis pasos.

(Salmos 40.1-2, versión Reina Valera 1960)

Usted no tiene que esperar, pacientemente o de otra manera, para una liberación instantánea. Sólo sucede... como le pasó a Carolina.[2] Obviamente eso no le sucedió al escritor de nuestro salmo. Él enfrentó el tic-tac del tiempo entre la petición y la realización. Si nos acercamos a Dios humildemente para pedirle que nos dé liberación instantánea, sabiendo muy bien que Él la puede dar, y aún así escoge usar, en cambio, el vagón del tiempo, Él está escribiendo la historia con cada vuelta lenta y pesada de la rueda, y usted está viajando como guardia armado. Buenas historias no saltan así por así a una página. Estas dan vueltas, tienen flujo y reflujo, suben y bajan agitadamente como el pecho de Adán cuando Dios le sopló esa alma dentro de su cuerpo totalmente nuevo. La vida en el planeta Tierra nunca puede ser estática. Aun en el estado más calmado, el hombre inhala y exhala, se levanta y se arrulla.

La buena noticia es que tal vez tengamos que esperar por la liberación mientras el vehículo del tiempo tambalea y se sacude, pero nunca tenemos que esperar a Dios mismo. Nunca tenemos que esperar para disfrutar de su presencia o tener la seguridad de su amor. Si estamos dispuestos a creerle a Él, podemos tener cualquiera de esos deleites relacionales instantáneamente. La única espera es en ver su trabajo manifestado en lo físico, viendo la realización de nuestra petición.

A pesar de las apariencias, cosas inmensas suceden cuando usted espera en el Señor para que la libere de ese pozo. Empiezan en el momento en que usted clama. De hecho, usted puede saber que el proceso está en marcha en el momento en que empieza a reversar las tres características de un pozo. ¿Las recuerda? Se siente estancada, no se puede poner de pie, ha perdido su visión. Cuando está convencida de que ya no está estancada sin esperanzas (lo comprobó cuando clamó), cuando se vuelve a poner de pie frente al enemigo (hizo esto cuando empezó a confesar la verdad y a consentir con Dios), y está recuperando la visión (se da cuenta de que Dios no la detesta, o peor, ni le está haciendo caso), usted ya no está en la oscuridad de esa profundidad. Cuando está completamente fuera, usted espera... pero no en la forma como la gente que habla español como usted y yo definimos esperar.

Al leer la descripción que da el salmista de haber «pacientemente esperando a Jehová», no se crea que él esperó allí en el fango, hundiéndose más profundo cada minuto, diciéndole a Dios que Él podía tomarse todo el tiempo que necesitara. La frase «pacientemente esperé» es traducida de una sola palabra hebrea qwh, (que se pronuncia kaw-VAW).[3] La misma palabra también se usa en Isaías 64.3, donde haciendo referencia a Dios, Isaías escribe: «Hiciste portentos inesperados cuando descendiste; ante tu presencia temblaron las montañas».

Aquí, la palabra hebrea *qwh* se traduce como *expectativa*. El *Theological Dictionary of the Old Testament* habla del «*carácter del verbo qwh, orientado hacia la meta*».[4] El salmista no se sentó en el pozo a juguetear con sus pulgares llenos de lodo hasta que Dios lo librara, sino que adoptó una postura de expectación total. Tenía una meta, y sus hombros no iban a desplomarse hasta que la viese cumplida. Su liberador estaba llegando, y en su camino, venía librando batallas y encendiendo senderos en algún lugar más allá de la vista del salmista.

Nunca piense que Dios no está trabajando mientras usted espera. Él está haciendo lo que nadie más puede hacer. Mire lo que dice Isaías 64.4:

Fuera de ti, desde tiempos antiguos
nadie ha escuchado ni percibido,
ni ojo alguno ha visto,
a un Dios que, como tú,
actúe en favor de quienes en Él confían.

Si sólo sus ojos pudiesen ver cómo Dios mueve sus piezas como en un tablero de ajedrez para obtener el máximo impacto, se quedaría con la boca abierta. Él está planeando algo grande que no sólo le afecta a usted, sino también a los que están a su alrededor. Él también está con aquellos que están alrededor de usted. Es más, Él no sólo está interesado en impactar el presente. Él es «el que es y que era y que ha de venir, el Todopoderoso». (Apocalipsis 1.8) Dentro de cada «es», Él está consciente de lo que «fue» y de lo que «está por venir», y tiene la intención de mostrarse poderoso en todo lo anterior. Una cosa es cierta: A Dios no se lo puede acusar de ser corto de vista.

Él pone tremenda importancia en el linaje de su Palabra, y también en la influencia de una generación sobre la otra. Para plantearlo mejor, de hecho, las Escrituras nos dicen que mil generaciones pueden cosechar los beneficios del favor misericordioso que Dios le otorgó a alguien que lo amaba y lo seguía obedientemente (Éxodo 20.6). Dios tiene la capacidad de marcar a su familia entera, ya sean descendientes físicos o espirituales de los cuales usted fue una mentora en la fe, con bendición y con el mayor privilegio de traerle gloria a Él. La agenda de Dios no es sólo para liberarla del pozo. Su objetivo es el de traerse fama a sí mismo, y usted es el medio que ha escogido para hacerlo. Anticípelo.

En el salmo 130 la palabra *qwh* también se traduce como *esperar*. Allí, la ansiosa expectación se hace hermosamente clara desde el contexto:

> A ti, Señor, elevo mi clamor
> desde las profundidades del abismo.
> Escucha, Señor, mi voz.
> Estén atentos tus oídos a mi voz suplicante.
> Si tú, Señor, tomaras en cuenta los pecados,
> ¿quién, Señor, sería declarado inocente?
> Pero en ti se halla perdón,
> y por eso debes ser temido.

Espero al Señor, lo espero con toda el alma;

en su palabra he puesto mi esperanza.

Espero al Señor con toda el alma,

más que los centinelas la mañana.

Como esperan los centinelas la mañana (vv. 1-6).

El salmista buscó a Dios como un centinela mirando hacia el horizonte desde la cima del muro de la ciudad, esperando ver al rey victorioso. Según *The Complete Word Study Old Testament*, la palabra hebrea *qwh* significa «estar al acecho de alguien... estar a la expectativa, esperar, buscar pacientemente, tener esperanza; tener seguridad, tener confianza; ser perseverante».[5] ¿Qué tiene que ver un centinela con nosotros? En términos de Dios, esperar significa adoptar la postura de un centinela. Concentrarse en su objetivo. Alerta. Después de clamar al único y verdadero Liberador, las Escrituras nos aconsejan ejercer diariamente la confianza inquebrantable de que Dios ya viene a nuestro rescate.

Eso significa dejar de sentirnos cómodos en ese pozo. Espiritualmente hablando, ponerse de pie y esperar. Anticipar su liberación inevitable y absoluta.

Mientras esperamos y anticipamos, tenemos la oportunidad de ejercer otra parte de la definición de *qwh*. Esta es mi parte favorita. *The Complete Word Study Old Testament* añade a la definición de la palabra diciéndonos que también significa: «Unir (torciendo)».[6] Déjeme pintarle un cuadro para ayudarle a ver lo que esto significa.

Después de toda una vida de relaciones disfuncionales y expectativas insatisfechas, me formé una idea perfecta de lo que tendría que ser la maternidad. Sin embargo, con su respiración de bebé casi imperceptible, Amanda sopló y resopló contra aquella idea, echándola por tierra.

Habiéndolo previsto y habiendo planeado la oportunidad perfectamente, Dios usó a mi primera hija para hacer que mi mejoría y mi sanidad valieran cualquier cantidad de trabajo que requirieran. Tristemente, yo no estaba lo suficientemente feliz conmigo misma como para intentarlo. Peor aún, en ese tiempo no confiaba en Dios lo suficiente como para hacerlo por Él. Pero Él sabía que finalmente tendría en mis brazos algo tan precioso pero tan vulnerable, y que haría cualquier cosa para no causarle daño.

La cigüeña nos trajo este paquete sorpresa a Keith y a mí cuando apenas teníamos diez meses de casados. Los doctores dijeron que para concebir tendría que someterme a una cirugía. Pero no fue necesario. Estoy casi segura de que Dios lo planeó así para que Keith y yo tuviéramos un poquito de incentivo extra para mantenernos juntos a lo largo de unos años tumultuosos.

Con mis veintidós años de edad y la primera de mi grupo de amigas en ser mamá, yo no tenía la menor idea de qué hacer con una criatura tan pequeña, así que hice lo que naturalmente se acomodó a mi personalidad optimista. Jugué con ella. Teníamos un buen repertorio, pero uno de ellos era el favorito de Amanda. Siempre era al final de nuestro tiempo de juego cuando yo le decía que mamita tenía que arreglar la casa antes de que papi llegara. Usaba un cierto tono delator, pretendiendo echarle un poquito la culpa, y le decía que no se preocupara. Que ella podía seguir jugando mientras yo me iba a trabajar. Ese era el lenguaje clave para decirle que «se montara».

Sonreía y hacía como que se iba, pero cuando yo volvía la cabeza, ponía sus brazos alrededor de mis muslos y sus dos piecitos sobre uno de mis pies.

Sus diez uñitas rosadas se quedaban adheridas a cinco de las mías. Dondequiera que yo iba, ella iba conmigo. Yo conocía el juego muy bien, así es que empezaba a poner los trastos en el fregadero y ropa en la lavadora pretendiendo que no me había dado cuenta que la iba llevando en una de mis piernas.

Finalmente, la llamaba. «¿Amanda? ¿Adónde te fuiste? ¡No te puedo encontrar por ningún lado! ¡Contéstale a tu mamá en este mismo instante!» Y ella se atacaba de la risa.

Arrastrándola de cuarto en cuarto, buscaba detrás de los muebles y en el clóset, mientras gritaba su nombre. Cuando ya no podía aguantarse, gritaba: «¡Estoy aquí mismo, mamita! ¡Mira para abajo!» Yo miraba hacia abajo pretendiendo haberme asombrado y saltaba, y chillaba como si ella me hubiese asustado muchísimo. Las dos nos soltábamos a carcajadas... y luego lo hacíamos todo de nuevo al día siguiente.

Cuando no mucho después nació Melissa, su hermana mayor le enseñó el juego cuando casi estaba lo suficientemente grande como para ponerse de pie y agarrarse.

Yo caminaba por toda la casa con las dos nenas sobre mis pies. Para el tiempo en que se suponía que las llamara por nombre, ya yo estaba sin aire.

Este es el cuadro que representa el significado de la palabra *qwh*. Mientras usted espera que Dios trabaje y manifieste su liberación, agárrese de Él tan fuerte como pueda. Pídale que le permita darse cuenta de Él más de lo que lo haya hecho en toda su vida. Únase a Él con todas sus fuerzas, para que, en última instancia, vaya dondequiera que Él vaya. Agárrese fuerte y no lo suelte. No importa cuánto tiempo tome, a Él nunca se le va a ir el aire, y no va a detenerse para descansar sus pies adoloridos. Péguese a Él tan cerca que casi pueda oír sus susurros. Sus palabras vivirán dentro de usted y usted vivirá en Él. Dios no hace que su hogar sea un pozo. Unida a su túnica santa, usted tampoco lo hará.

UN HIMNO de alabanza a NUESTRO DIOS.

CAPÍTULO OCHO

Decídase

A sí que, ¿Cómo sabe usted que ya no tiene que esperar y que finalmente está fuera del pozo? De dos formas. Salmos 40.2 describe
la primera:

> Me sacó de la fosa de la muerte,
> del lodo y del pantano;
> puso mis pies sobre una roca,
> y me plantó en terreno firme.

Una forma en la que usted puede saber que está fuera es cuando
se da cuenta que, después de toda esa resbaladera y todo ese paracai-
dismo acrobático que hizo, sus pies están finalmente plantados sobre
una roca, y tiene un lugar firme donde pararse. Esto significa que ha
encontrado un lugar estable donde puede pararse erguida y poner
todo su peso sobre sus pies sin temor de descubrir que está hasta las
rodillas en arena movediza. Aunque las montañas caigan en el océano,
usted está segura. Aunque los océanos rebasen las costas, usted no
se va a ningún lado. Si los gobernantes terrenales caen y ocurre un
descalabro bursátil, sus pies están firmes. Sus rodillas no tienen que

temblar. Mientras tenga todo su peso puesto en esa roca, usted no se va a caer. Quizá los vientos soplen y las aguas crezcan, pero usted no va a perder terreno. Alabe su nombre con firmeza porque Dios no es una alfombra divina para que alguien pueda jalársela por debajo de sus pies.

Él tampoco es una moda pasajera. Me acuerdo cuando una de mis vecinas, con quien habíamos disfrutado de una linda amistad por varios años, se dio cuenta de que yo tenía un trabajo «religioso». Aunque sabía que éramos cristianos, el enterarse de lo que yo hacía para ganarme la vida la puso nerviosa. Créame, yo no le dije nada. Fue otra persona la que se lo dijo. Se me rompió el corazón cuando la noté tan incómoda cuando yo trataba infructuosamente de encontrar un tema interesante para conversar. Antes, las charlas acerca de nuestros hijos funcionaban bien, pero cuando supo de mi trabajo parece que ya las consideró demasiado triviales. Yo podía ver su archivo mental moviéndose como un hámster sobre una rueda. De repente, como si un bombillo se hubiese encendido sobre su cabeza, se acordó de un familiar cercano y me soltó esta frase: «Él también se puso muy religioso cuando le dio cáncer de la piel».

Dios es excesivamente paciente y misericordioso. Él está allí para cada necesidad urgente y para cualquiera temporada repentina, pero una relación de salón de emergencia con Dios no es lo que el salmista tiene en mente cuando habla de un lugar firme donde pararse. Dios no es una farmacia con ventanilla para hacer pedidos sin bajarse del auto. Ni es un arreglo temporal para una situación urgente, una forma rápida para hacer que todos nos perdonen, o alguien a quien debamos esperar encontrarlo de buen humor para que nos salve el pescuezo.

Dios puede sostener su peso completo, emocional, espiritual, mental y físico, los sesenta segundos de un minuto, los sesenta minutos de una hora, las veinticuatro horas del día, los siete días de la semana, los 365 días del año, por el resto de su vida.

Quiero enfatizar la frase: *«por el resto de su vida»*. Dios no es sólo un lugar en donde pararse. Este libro no es sobre salirse del pozo por un momento. Es acerca de salirse del pozo para siempre. Y si eso es lo que queremos, tenemos que hacer algo absolutamente crucial. Tenemos que decidirnos. El terreno debajo de nuestros pies será tan firme como nos lo propongamos. Mientras seamos endebles, lo que está debajo de nosotros será igualmente endeble. Dios nos *da* un lugar firme en qué pararnos, pero tenemos que decidir que lo queremos. Juan 3.16 nos dice que «porque Dios amó tanto al mundo, dio a su Hijo unigénito», pero no obliga a nadie a aceptarlo. Dios es el perpetuo Dador (vea Santiago 1.17), pero por su diseño soberano, cada individuo tiene la prerrogativa de decidir si quiere aceptarlo o no.

Nosotros asumimos el lugar firme que Él nos da cuando nos decidimos y afirmamos ambos pies. Eso es exactamente lo que en Salmos 40.2 significa la palabra traducida del hebreo como «firme». En otro salmo, se usa para caracterizar la respuesta del hombre a Dios. Por ejemplo, en el salmo 78 se habla de una generación:

Así ellos pondrían su confianza en Dios
y no se olvidarían de sus proezas,

sino que cumplirían sus mandamientos.

Así no serían como sus antepasados:
generación obstinada y rebelde,
gente de corazón fluctuante,
cuyo espíritu no se mantuvo fiel a Dios.
(vv. 7-8)

Fíjese en la palabra «fiel». Viene de la misma palabra hebrea «firme». La queja de Dios hacia los israelitas en el salmo 78 era por la renuencia de estos de decidirse en cuanto a Él. ¿Estaban con Él o no? ¿Querían un lugar firme para pararse o nada más que una visita a la sala de emergencia? Así como muchas veces lo hacemos nosotros, ellos buscaban a Dios cuando estaban en problemas, pero apenas la presión se iba, volvían a querer trazar su propio rumbo y ser su propio jefe. Por eso, el jolgorio momentáneo de su rebeldía se convirtió en una tanda terrible de cautiverio y de consecuencias. Ellos experimentaron lo que experimentamos nosotros: el resbalón dentro del pozo es el único viaje emocionante. Después de eso, el pozo sólo es suciedad.

Básicamente, la fidelidad significa tener una mente decidida. Significa que ciertas preguntas ya han sido contestadas antes que la vida las formule. Como «firme», la expresión «fiel» en el salmo 78 significa estar «segura... convencida... lista... preparada... determinada». Significa que hemos solucionado algunas cosas de antemano sobre la tentación inevitable de revertir destructivamente una picazón temporal. Significa que no esperamos hasta que estemos en medio del fuego para decidir. Usted sabe de lo que estoy hablando. Una esposa que quiere ser fiel no espera hasta que alguien coquetee con ella en el trabajo para decidir si va a serlo o no. La decisión de permanecer fiel a su esposo la ha tomado antes que una circunstancia la enfrente al dilema de decidirse. El asunto ya está resuelto de antemano.

Así es Dios. Él es *firme*. Él es *fiel*. Él tomó la decisión sobre usted antes de la fundación del mundo.

Sea quien haya sido quien la traicionó y quienquiera haya dejado promesas sin cumplir, Dios es firme al compromiso que tiene con usted. Las circunstancias no lo llevan a reconsider su posición. Aún si usted, como yo, ha ido varias veces al pozo, el afecto que Él le tiene es inquebrantable. Él es completamente suyo si usted lo quiere. La Roca es suya para pararse. Sin vacilación, Dios le ofrece un lugar firme para que usted se pare, pero sus pies no estarán firmemente colocados hasta que usted decida dónde quiere estar. Él no la va a obligar a pararse. Y mucho menos a que se quede.

Le voy a decir por qué estoy recalcando este punto. Mientras no se decida a aferrarse a Dios y a depender de su poder desde ahora hasta que el Hades se congele será igual a estar parada sobre una cáscara de banana. Estará más o menos firme mientras que el viento esté calmado, pero cuando pegue la tormenta y las aguas crezcan, la resaca la dejará rebuscando aire. Un buen ejemplo es el que ofrece una amiga mía que tiene un problema feroz de dependencia de las drogas. Hace poco me contó de su tremenda frustración con las recaídas y su confusión en cuanto a las rachas intermitentes de victorias. Me dijo sobre «lo bien que le va entre una crisis y otra» mientras su ex esposo no le recuerde su rechazo. Se mantiene constante, mientras sus hijos no tengan problemas en la escuela. Si puede pagar sus cuentas anda maravillosamente bien. Ella piensa que si pudiera deshacerse de los problemas que la tientan a usar drogas podría mantenerse firme.

El problema es que la vida en el planeta Tierra consiste en una crisis tras otra. Querida, le prometo esto. Las circunstancias le ofrecerán invitaciones incesantes para que regrese al pozo. Si nuestras almas no tuvieran un enemigo, la vida sobre pies de barro todavía sería difícil. Pero el hecho es que sí tenemos un enemigo, quien trama una artimaña tras otra. Él sabe cómo echarle zancadillas; sabe cómo encontrarle su talón de Aquiles y es allí hacia donde dirige sus dardos. Y le garantizo que es un gran tirador.

Usted podrá aislarse de la tentación sólo por un tiempo; sin embargo, en algún punto tendrá que salir afuera, plantar sus pies sobre la roca y resistir. Una vez, y luego dos veces. Diez y luego veinticinco veces. Treinta y luego cincuenta veces hasta que su carne se someta y su enemigo se dé por vencido en esa situación y luego se retire. Tarde o temprano va a tener que enfrentar a su enemigo y ganar, confiando en el poder de Cristo que trabaja a través de usted. No puede pasarse toda la vida huyendo y escondiéndose de él porque él seguirá presentándose dondequiera que usted vaya.

Algo sucedió recientemente que me hizo recordar esto. En nuestra búsqueda de un lugar apacible en el Oeste donde pudiera escribir, nos metimos en el territorio de los osos. La pequeña cabaña que usé en el *Grand Teton National Park* está rodeada de pinos y álamos, con una calma reinante que puede ser muy engañosa. Mientras esos álamos tengan hojas, usted tendrá una gran amenaza en forma de oso. La única cosa más peligrosa que encontrarse y asustar a un oso pardo macho es dirigirse a una osa que trata de proteger a su cachorro. Y no la culpo. Yo hago lo mismo como mamá.

Innumerables veces encontramos huellas con marcas de garras cerca de la casa, inclusive en la entrada, donde estacionamos el auto. Hemos preservado una en la parte de atrás de nuestra casa donde un oso parece que tuvo que apoyarse para alcanzar una rama del árbol cercano con su otra garra. Esa huella está junto a la ventana del cuarto de baño. Imagínese estar sentada allí y entonces despreocupadamente mirar hacia arriba y ver una cabeza enorme de un oso pardo justo al otro lado del vidrio. Sólo pensar que tengo que sacar los perros antes de irme a dormir me da escalofríos. Porque se ponen a ladrar con desesperación por algo que creen ver en la oscuridad. Así es que me resulta más cómodo pensar que podrían irse a dormir sin que vacíen sus vejigas.

Vivir en una casa en el bosque significa hacer algunas cosas que parecerían una locura en Houston. Por ejemplo, si voy sola llegando a la casa, lo hago tocando un pito por todo el camino de entrada por si acaso algo grande y peludo está merodeando cerca. Yo soy una excursionista, y los vecinos me dicen que ellos nunca se aventuran en el bosque sin un rociador para repeler a los osos. No me pude acostumbrar a usarlo pero tengo que reconocer que o estaba preparada o pasaba por una tonta.

Recientemente tuvimos un cambio de escenario. Yo soy más una chica de montaña que un conejo de playa, pero Keith quiso ir a una pequeña isla de la Florida que tiene reputación de ser fabulosa para la pesca. Nos llevó a Melissa y a mí, prometiéndome que iba a poder escribir todo lo que quisiera. Sería como quitarle dulces a un bebé. ¿Habría algo más relajante que eso? ¡Difícil!

Nuestra primera señal de peligro debió haber sido la tormenta tropical que nos siguió hasta la isla. A la pequeña laguna que estaba al lado de la casa que estábamos rentando la dejó convertida en un lago. Quizá se pueda imaginar las cosas que me pasaron por la mente cuando Melissa gritó desde el porche del segundo piso: «¡Hay un caimán en la laguna!» ¡Fabuloso! Osos en Wyoming. Caimanes en la Florida. Bueno, allí lo tiene. Dondequiera que usted vaya, hay un enemigo.

Huracanes en Houston, tornados en Kansas, terremotos en California, avalanchas en el Everest, tsunamis en Asia. Bienvenido a la vida en nuestro planeta. La misma gravedad que mantiene nuestros pies pegados al suelo nos hace lanzamientos imparables, como en el béisbol. Un día estamos bien y al otro día estamos enfermos. Conseguimos un dinero extra para la Navidad, y para enero estamos endeudados de nuevo. Si su victoria depende de las circunstancias, es mejor que agite la bandera blanca y se rinda antes de la derrota. Váyase a inhalar esa droga. Tómese ese cuarto trago de gin-tonic. Hártese y purgue esa pizza, una porción de pan de ajo y medio galón de helado con pedacitos de chocolate con menta. Métase a la cama con ese estúpido otra vez. Coma, beba y sea miserable.

O puede decidirse a estar de lleno con Dios, parada en esa roca, por el resto de sus días. El apóstol Pablo lo llamó estar unidos a Cristo (vea Filipenses 3.9). No importa cuánto tiempo hace que no me haya visto, en Él es donde me puede encontrar. Ya sea que mi salud mejore o empeore, allí es donde estaré. En riqueza o en pobreza, ya lo he decidido. En la luz del día o en la oscuridad de la noche, encuéntreme en Cristo. Con esposo o sin él. Con hijos o sin hijos. Con o sin trabajo. Ya lo he decidido.

Cuando haya tomado la decisión y le haya entregado su corazón, su mente y su alma con todas sus fisuras, y cuando le haya dado su pasado, su presente y su futuro «al único Dios, nuestro Salvador, que puede guardarlos para que no caigan»; y cuando sepa que está totalmente con Él, pase lo que pase... felicidades, mi cielo. Estarás fuera del pozo y tus pies estarán sobre la roca.

Tener un lugar firme donde pararse no significa tener una vida fácil y que las tentaciones no van a venir. No significa que va a hacer todo bien. No significa que no va a pecar, aunque no va a revolcarse en el pecado como lo hacía antes. Sólo significa que, pase lo que pase, ha determinado su posición. Tal vez oscile de un lado a otro. Quizá se enrosque como una bola o corcovee como un potro salvaje. Pero ya habrá decidido dónde va a poner sus pies. Y una vez que esté allí, se habrá dado cuenta que es un lugar poderosamente firme para pararse.

No me malentienda. Podemos vivir de la otra manera y todavía ser cristianos, pero viviríamos una trágica porción de nuestras vidas en una miseria cada vez más profunda e insegura. Nuestros pies se convertirían en barrenas, metiéndonos en espiral más profundamente hasta hundirnos tan bajo en la desesperación que nos olvidaríamos de cómo huele el aire fresco y de cómo se siente estar al sol. Si hemos genuinamente recibido a Cristo como nuestro Salvador personal, nuestra salvación es segura aún si vivimos entrando y saliendo de una zanja por el resto de nuestras vidas.

La pregunta no tiene que ver con la seguridad eterna. Sí con la seguridad terrenal. Si tratamos a Dios como una farmacia con una ventanilla para hacer pedidos sin bajarnos del auto, hará que vivamos en un estado constante de inseguridad e incertidumbre. Nos la pasaríamos tomando pastillas Tums de día y Sominex de noche.

Con todo respeto, y se lo digo como alguien que ha estado allí, es tiempo de que se decida. No sólo por todas las razones de las que ya hemos hablado, sino también por una más. Mejor que se prepare, porque esta es enorme. Creo que puede ser el reto más grande de todos, por eso pienso que usted debe estar lista. Aquí está la penosa verdad. Se la digo de la mejor manera en que la puedo decir: No hay nada como tratar de mantenerse fuera del pozo, mientras otros que están cerca de usted todavía están en él. No creo que le tengo que decir que toda una familia puede residir en un pozo grande de lujo, con compartimientos personalizados. Así como una gran cantidad de amigos. Sí, allí mismo en 105 Sur de la Calle Pozo. Se parece a una casa. Se comporta como un pozo. No se confunda. Un pozo es un lugar excelente para un amontonamiento.

El año pasado, cuando Keith y yo estábamos regresando a casa de un trabajo misionero en África, tuvimos una escala en el aeropuerto de Gatwick en Londres. Casi nos tomó una eternidad llegar a nuestra próxima puerta de embarque. Después de un viaje de diez horas, nuestros pies parecían cuatro cerditos que podrían reventarse con un alfiler. Encontramos una escalera horizontal móvil pero estaba totalmente congestionada, de modo que decidimos caminar y olvidarnos de la comodidad lo cual resultó ser una buena decisión.

Justo cuando íbamos caminando paralelamente al punto de salida del pasillo móvil, una de las maletas se atascó y la mujer que iba detrás se desplomó justo encima de esta. En cuestión de segundos, se produjo un amontonamiento peor que cualquiera de los que yo haya visto en un juego de fútbol. Ante esa situación, algo le sobrevino a Keith, como cuando el Espíritu de Dios cayó sobre Sansón. Tratando de evitar que la gente se lastimara, empezó a jalar a una persona con su mano derecha y a otra con la izquierda. Sacó por lo menos a ocho personas por encima del pasamanos, cada uno de ellos con una altura como la de un saltador olímpico. Lo vi con mis propios ojos... fue como si estuviese viendo dibujos animados. Durante todo el tiempo estaba gritando: «¡Lizabeth! ¡Encuentra el botón y empújalo! ¡Debe haber un botón en algún lado de este pasillo móvil! Empecé a buscarlo apresuradamente por todo el lugar, y finalmente lo encontré. Lo presioné y la escalera automática se detuvo con un chirrido.

Habíamos salvado el día. Keith los chequeó a todos y preguntó si había alguien lastimado. Todos estaban bien. Asentían con la cabeza mientras se le quedaban mirando con ojos saltones, sin habla y sin resuello. Yo creo que pensaron que estaban viendo a Clark Kent en persona. Por un momento, yo también lo pensé.

No nos dijimos ni una sola palabra mientras íbamos caminando hacia la puerta de embarque. Después que nos sentamos en el avión y nos abrochamos los cinturones, él me miró y me preguntó: «¿Tú viste eso?» Sí, por cierto que lo había visto.

Amontonamientos suceden. Especialmente en las familias. Eso fue lo que le pasó a la mía. Eso fue lo que le pasó a la de Keith. Esa es la naturaleza de la familia. Los lazos son tan cercanos, que la misma cuerda que cuelga de uno enreda a todos. Dicen que el alcoholismo es una enfermedad de la familia, pero esa no es la única enfermedad familiar. Mis dos hijas experimentaron algunos efectos del trato que sufrí durante mi niñez: Amanda luchó con sus temores y Melissa con su falta de confianza interna. Y Dios sabe que mi esposo fue afectado al igual que yo por las pérdidas en su familia.

Las familias se amontonan, pero no importa quién esté debajo, nadie es un caso perdido. No hay nadie que esté tan pesado para no ser sacado. Dios libera con «gran despliegue de fuerza y de poder» (Deuteronomio 5.15). Pero Él lo hace con una persona a la vez. Recuerde que lo que Él quiere es una relación. Lo que Él quiere sucede individualmente. Nadie es liberado a la sombra de otra persona. Nadie sale colgándose del tobillo de otra persona. Jesús saca del pozo a cada parte dispuesta. Una persona a la vez. Y déjeme decirlo, a propósito, por si acaso usted piensa que Él no entiende nuestro dolor: Él lo hace con sus propias manos cicatrizadas.

Si usted es la primera persona en escapar de un amontonamiento familiar, quizás piense que los demás que viven en el pozo estarán felices de que al menos usted haya salido; que su liberación alimentará en otros sus propias esperanzas. Pero por alguna razón, a menudo esta no es la manera en que suceden las cosas. Usualmente, cuando usted sale del pozo, alguien de la familia se siente traicionado porque usted sintió que era necesario un cambio. Piensa que esto significa que usted está diciendo que algo anda mal con el resto de ellos. Algunas veces, cuando una persona decide tomar una decisión hacia Dios y plantar sus pies sobre la roca, la lealtad hacia Él es interpretada como deslealtad hacia la familia.

En realidad, nada tiene el potencial para un mayor impacto positivo en un grupo de gente cercana que cuando uno decide romper la tradición y buscar otro nivel de sanidad. Estoy convencida de que la salud puede ser aún más contagiosa que la enfermedad; no obstante, hasta que llegue el gran adelanto y se contagien con el virus de Jesús, mejor será que usted pegue bien sus pies a esa roca. La presión para que vuelva a su antigua situación puede ser titánica.

Cuando mi querida madre se fue para estar con el Señor, las cosas entre ella y yo no andaban muy bien que digamos. Habían venido siendo así por varios años. No estoy diciendo que hayamos perdido el contacto. En realidad, no pasábamos ni un día sin hablar y casi nunca dejamos pasar una semana sin vernos. Nunca perdí ni uno de sus tratamientos de cáncer y ella casi nunca perdió una de mis conferencias. Siempre fue una de mis personas favoritas en el mundo, y pasé la mayor parte de mi vida tratando de complacerla. Lamentablemente, algunas veces en detrimento de mi matrimonio.

El conflicto que surgió entre nosotras no fue directo, pero fue tan fuerte que la contracorriente casi me arrastra por debajo. Era una guerra fría. Tipo Antártida. Traté de hacerla reflexionar sobre el asunto pero ella no admitía que había algo entre nosotras. La ruptura empezó cuando escribí *¡Sea libre!* El libro le pareció muy serio. «Deprimente», dijo. Para ella, yo era «mucho más divertida».

Le rogué que entendiera. Apelé a su sentido de compasión. «Mamá», le dije, «la gente está muy dolida. No necesitan otra charla motivadora. Lo que necesitan es liberación de sus innumerables abusos y adicciones. Han pasado por toda clase de sufrimientos. Necesitan ver el poder de la Palabra de Dios en acción en una persona falible, viva y real. Necesitan a gente como nosotras que confesemos nuestro dolor».

No, ella pensaba que sólo necesitaban seguir adelante como había hecho ella después que le pasaran algunas cosas malas durante su niñez.

Yo amo a mi familia de origen. Nunca quise hacer otra cosa que honrarlos. Jamás escribí nada malo acerca de ellos, pero mi mamá estaba convencida de que al yo admitir que fui abusada por un familiar cercano y haber quedado decididamente disfuncional, eso se reflejaba negativamente sobre la familia entera. Dios sabe que yo quería muchísimo a mi mamá con todo lo extravagante e ingeniosa que era. Y que se me partió el corazón cuando perdí su bendición. Todos mi hermanos, mis hermanas y yo, descaradamente cortejábamos su favor. Como dice en su sepultura: «Reina de todo», y en su mente, esta pequeña princesa se metió en un lío real.

Para que no me malinterprete, yo no perdí su amor ni por un segundo. Siempre supe que me quería. Ella sólo dejó de demostrármelo como lo hacía antes, y no me lo dijo nunca más. Si su propósito fue el de castigarme, ciertamente tuvo éxito. Cuando su cáncer empeoró, yo sabía que el tiempo era corto, y me sentí acongojada ante la necesidad de escucharla decir que me quería. Pese a las veces que traté de crear oportunidades para que me lo dijera (por ejemplo, algo tan sutil como: «Yo te amo, mamá», con la clase de entonación que preguntaba si ella me amaba también), no lo hizo. Aun ahora, el recuerdo de eso me podría hacer llorar.

Una vez le dije que deseaba poder cambiar de lugar con ella por un momento y tomar su sufrimiento. Ella se volvió, me miró y me respondió: «Yo también». Sentí como si me hubiesen dado directamente entre los ojos con un mazo. No es que no se lo haya dicho con sinceridad. Sí fui sincera. Lo que me dolió fue el hecho natural de que una madre está dispuesta a llevar cualquiera carga con tal que su hija no sufra. Yo quería gritar: «¡Soy tu bebé! ¿Te acuerdas de mí?» Sé que su pobre cuerpo estaba tan enfermo, tan horrorosamente dañado, y su mente tan cansada, que no era completamente responsable de algunas de las cosas que dijo... o no dijo. Tal vez Dios deje que yo pase por una situación similar uno de estos días, y veremos qué tan dulce y positiva voy a querer ser.

Todavía quiero mucho a mi mamá y tengo un vídeo perpetuo en mi mente de los buenos tiempos que pasé con ella. Nadie me hizo reír más que ella. Nadie me hizo amar más a mis niñas. Tengo la confianza de que en su estado presente y perfecto, me ha perdonado por haber compartido demasiado con ustedes, como yo debo perdonarla por no haber compartido lo suficiente conmigo. En la eternidad, nuestras lenguas se van a soltar para decir todas las cosas que necesitamos decir. Y a lo mejor yo tenga que decir más que ella. Quizás ella lo dijo todo antes de morir.

En la última hora de lucidez que tuvo, Dios hizo para mí algo muy tierno y dulce. Y quizás hasta un poco divertido. Mi mamá me miró con gran ansiedad en sus ojos y estuvo diciendo algo con mucho fervor. Sin embargo, para ese tiempo ya no le podíamos entender nada de lo que decía. Inmediatamente me tomé la libertad de asumir que estaba tratando de hacer las paces conmigo. «Mamá», dije, con gran emoción. «Si me estás diciendo que me amas, yo lo sé. Yo sé que nunca me has dejado de amar. Sé que yo herí tus sentimientos. ¡Te amo mucho, mamá, y quiero que tengas la plena confianza de que yo sé que tú me amas!» Como yo, mis hermanos definitivamente tienen un extraño sentido del humor. Luego, cuando yo me estaba deleitando en la firme convicción de que mi mamá finalmente me había dicho todas las cosas que yo anhelaba escuchar, me dijeron que a quienes les estaba hablando era a ellos y no a mí. Bromeamos, lloramos y nos dimos de codazos los unos a los otros diciendo:

«¡Ella me estaba hablando a *mí*!»

«¡No es verdad! ¡Ella me estaba hablando a *mí*!»

«¡*Yo* era su favorita!»

«¡No, yo era su favorito! ¡Ella misma lo dijo! ¿No escuchaste lo que dijo? ¡Era claro como el día!»

Cada uno de nosotros decidió que sus palabras finales eran todo lo que necesitábamos escuchar. Sin duda, llegará el día cuando nos dirá lo que realmente nos estaba tratando de decir. Y no sería nada de raro que lo que dijo haya sido: «¿Pueden echarse un poco para atrás por favor y darme un poquito de espacio? ¡Dios está llegando y ustedes están bloqueándole el paso!» Pero hasta ese entonces, si a usted no le importa, cada uno de nosotros va a pensar lo que queramos.

A pesar de lo sonrientes que aparecen todos en la foto de la tarjeta de Navidad (Sí, nosotros también enviamos esa clase de tarjetas), ninguna familia es perfecta, y probablemente ninguna menos que la que trata de convencernos de que sí lo es. En casa de los Moore a lo menos, no lo somos. Pero sabemos, como cualquiera puede saberlo, que familias enteras pueden cambiar. Yo lo he visto por mí misma. Actualmente está sucediendo en mi propia familia de origen, pero lo que ya ha pasado en la familia de Keith no es nada menos que sensacional. Él y yo le hemos pedido a Dios que persiga a cada uno de los miembros de nuestra familia extensa y que los haga suyos. Que sane cualquier quebrantamiento con su amor y que haga que cada uno tenga un propósito. Le hemos pedido que marque a nuestra familia de tal manera que ninguna generación esté sin amantes de su Palabra, sin maestros de su verdad y sin seguidores de su camino, justo hasta cuando Cristo regrese.

Si fuera una mujer de apuestas, habría puesto mi dinero sobre lo que está pasando en mi familia primero, pero la persecución que Dios ha puesto sobre la familia de Keith ha sido incesante. Realmente no esperábamos ver con nuestros propios ojos humanos tantos de los cambios que le pedimos a Dios para todas las generaciones de nuestras familias. Nosotros habíamos esperado morir viéndolo a la distancia y creyéndolo todo de igual manera. En vez, está sucediendo bajo nuestras propias narices. (Por supuesto, hay bastante espacio debajo de la mía.)

¿Valió la pena? ¿Valió la pena no aceptar el statu quo de la familia, sino creer en Dios para una manera mejor? ¿Una manera más saludable? ¿Valió la pena haber sido malentendida? ¿Valió la pena que me hayan dicho que pienso que soy mejor que ellos? ¿Es realmente posible atesorar todavía lo que usted ama acerca de lo que hace su familia, pero tener la prerrogativa de botar lo que no? Por supuesto que sí.

Poco a poco hemos visto el resentimiento de la familia convertirse en al menos un poquito de respeto, y a lo máximo unos celos benditos de querer tener lo que nosotros hemos encontrado.

Algunas veces el favor más grande que usted podría hacerle a uno de sus seres queridos es el más difícil.

No le hubiese compartido esa historia muy privada y dolorosa sobre mi mamá, excepto que necesito ganarme suficiente credibilidad con usted para poder hacer la siguiente declaración: Nadie tiene el derecho de mantenerla en un pozo o de avergonzarla por haber sido rescatada. Ni siquiera su mamá.

Cuando Dios ejecuta una liberación dramática en nuestras vidas, la naturaleza de algunas de nuestras relaciones más cercanas cambia inevitablemente. Mientras más saludables nos ponemos, más nos damos cuenta de cuán enfermos estábamos. Descubrimos rápidamente quién ha sido un Cristo falso para nosotros y cómo quizá nosotros habremos sido un Cristo falso para otros. Descubrimos dónde hemos sido motivados por un sentido de culpa más que por Dios mismo, o más que por *amor*.

Las relaciones no saludables ciertamente no se desarrollan sólo en los pozos de los grandes pecados. Usted puede acomodarse en un pozo al cual la echaron por algo tan tierno e íntimo como un pesar. He conocido familias que se agraviaron con uno de sus miembros para finalmente llegar a la conclusión que cinco o más años era suficiente tiempo para llorar aquella pérdida, y que era hora de seguir adelante. La detracción es demasiado pesada, y el detractor queda perdiendo no sólo a la persona sino también a la familia entera. ¿Triste, verdad? Triste en que realmente, a pesar de nuestras sutilezas, no siempre deseamos el *bien* del otro.

Cooperar con Dios a través de dolorosas relaciones transitorias quizá sea el trabajo más difícil de todos durante nuestra liberación del pozo. Persevere con Él y confíe en Él, no sólo con su vida, sino con la vida de ellos. A pesar de lo que digan, usted no les estaba haciendo ningún favor al quedarse en el pozo con ellos. Mantenga sus pies sobre esa Roca, no importa cuán lastimeramente le llamen las voces de sus seres queridos desde el pozo y le rueguen que regrese. Así como usted esperó en Dios para su propia liberación, espere en Él para la de ellos. Ore mucho por ellos, con esas Escrituras que están al final de este libro. Ámelos ardientemente, pero como residente de la Roca y no como residente de un pozo.

Al lograr una proeza tan impresionante, no deje que el enemigo la tiente en desarrollar un espíritu de orgullo porque usted está afuera y ellos todavía están adentro. El orgullo es la forma más rápida para regresar allí. A través de Cristo sólo «mediante la fe, tenemos acceso a esta gracia en la cual nos mantenemos firmes» (Romanos 5.2). Su compromiso hacia ellos desde esta nueva posición nunca ha sido más vital.

Pero por otro lado, no todo el mundo es familia; no toda atadura del vínculo emocional es la voluntad de Dios; y no todas las relaciones necesitan cambiar. Algunas necesitan terminarse. Totalmente. No sé cómo decir esto con delicadeza. Algunas relaciones no sobrevivirán su liberación del pozo. Y la mayoría de ellas no necesitan hacerlo. Usted va a descubrir que el pozo era lo único que tenían en común, y que bajo diferentes circunstancias ni siquiera se hubiesen juntado. Esperamos que esta persona no sea su esposo. No obstante, si lo es, empiece a pedirle a Dios que haga un milagro, tal como Keith y yo lo hicimos. Pero si no es una relación bendecida por Dios y no es algo que la haga sentirse conectada por su Palabra, necesita una inspección sincera.

Empiece con la que más teme perder. ¡Ay, lo sé! Usted piensa que no puede vivir sin esa persona, pero no es verdad. Lo que no puede es vivir *con* ella fuera del pozo. Infundida con el poder incomparable de Cristo, usted es mucho más fuerte de lo que piensa que es.

Se lo voy a decir como sentí que me lo dijo Dios: «Deja de actuar como una debilucha. Y deja de quejarte. Eso te está quitando la energía que vas a necesitar para el gran escape». Dios tiene un lugar a donde llevarla, y si usted tiene personas que no quieren dejarla ir, tendrá que dejarlas ir a ellas.

Quizás se pregunte: «¿No se debe seguir amando a la gente sin importar lo profundo que estén sumidos en sus problemas?» ¡Absolutamente! Y a veces, dejarlos ir es lo más amoroso que podemos hacer. Si la persona no fue una compañía saludable para usted, es muy posible que usted tampoco haya sido saludable para ella. No es mi intención minimizar la dificultad de apartarse de algunas relaciones destructivas, pero si todo lo que hacemos es concentrarnos en lo dificultoso, nunca vamos a salirnos del lodo.

Nuestras compasiones desfiguradas nos mantendrán con el fango hasta las rodillas y nuestro amor se convertirá en resentimiento.

Pregúntese algo que yo tuve que preguntarme en mi búsqueda de la libertad. ¿Cuáles de sus relaciones son alimentadas por afecto genuino, y cuáles por una adicción? O ¿Hasta qué punto una de estas relaciones pasó de ser la primera a ser la última? No sé de usted, pero yo he hecho exactamente lo que el apóstol Pablo acusó a los gálatas de haber hecho. He empezado relaciones en el Espíritu, pero en algún punto del camino, se desviaron para transformarse en relaciones en la carne (Gálatas 3.3). Independientemente de cómo empezamos, podemos volvernos emocionalmente adictos a una relación como cuando alguien se deja atrapar por una sustancia.

Cuídese de cualquiera que trate de ser indispensable para usted. De quien se convierta en la persona a la cual usted repetidamente le diga: «Tú eres la única persona en el mundo en quien puedo confiar». Si eso es realmente cierto, entonces usted no sale muy a menudo. De hecho, yo estaría dispuesta a apostar que ella es la gran razón de por qué usted no está saliendo. Identifique cualquier «empujador» en su vida, cualquiera que siga alimentando la parte de usted que no es saludable, porque esto alimenta la parte no saludable de ella. Cuestione la incapacidad de estar sola. ¿Será posible que por esa persona Dios no puede acercarse a usted? Al ir llegando juntas al final de esta jornada, le ruego que no deje que nadie la «ame» a muerte.

Sea valiente, querida. ¡Sea valiente! Haga lo difícil. Deje ir a esa persona si es lo que Dios le está diciendo que haga. ¿Recuerda lo que me dijo Keith? Decir adiós es una aptitud necesaria en esta vida. Hágalo con la confianza que sólo Dios le puede dar y no ande con rodeos cuando lo haga. ¿Acaso no se lo ha ordenado Él? «¡Sé fuerte y valiente! ¡No tengas miedo ni te desanimes! Porque el SEÑOR tu Dios te acompañará dondequiera que vayas» (Josué 1.9).

Dígale adiós a ese pozo de una vez por todas. Vivir en el aire fresco y en la luz del sol donde sus pies estén firmes sobre la Roca y su cabeza por encima de la de su enemigo, no es para cobardes. Es para aquellos que se deciden.

Al ver ESTO, muchos tuvieron MIEDO

CAPÍTULO NUEVE

Cantar una nueva canción

Usted va a tener una nueva canción en sus labios, un himno de alabanza a su Dios. Esta es la segunda manera en la que va a saber que dijo adiós al pozo. Justo después de que el salmista nos dice que Dios nos pone sobre una roca y nos da un lugar firme en qué pararnos, nos dice que Dios nos da un canto nuevo: «Puso en mis labios un cántico nuevo, un himno de alabanza a nuestro Dios» (Salmos 40.3).

Cada una de nosotras nació para la canción. Hasta la que no sabe llevar el ritmo. Aún la que no ha prendido la radio desde que se inventó el celular. Hasta la que no le molestaría ir a la iglesia si no fuese por las canciones. La que vino por el sermón, no por toda esa paradera y sentadera. La que se pregunta por qué algunas personas no se sienten ridículas por la forma en que actúan durante la música en la iglesia. La que no la entiende y no cree que quiera hacerlo.

Sea que tiene una voz hermosa o si no hace más que ruido, usted nació para la canción. Y no para cualquier clase de canción. Su corazón late al ritmo de una canción de Dios, y sus cuerdas vocales fueron diseñadas para darle volumen. No es que quiero decir que otras clases de canciones no sean maravillosas e inclusive medicina para nuestras almas. No. Porque algunas veces, la música, la cual no debe confundirse con la letra de la canción, es un regalo de Dios para el hombre. La mayoría del tiempo soy una chica que le gusta la música de alabanza y adoración cristiana-contemporánea, pero de vez en cuando me siento bendecida y libre para añadir algo más. Me crié en Arkansas en el tiempo en que teníamos una integración de cincuenta y cincuenta por ciento, donde los niños negros, sin mayor esfuerzo, nos ganaban a los niños blancos, por su música. ¿Es de sorprenderse? Esos eran los días en que el grupo musical *The Temptations*, cantaba: *Papa was a rollin' stone and wherever he laid his hat was his home* («Papá era una piedra rodante y dondequiera que dejaba su sombrero, ese era su hogar».) Nunca me recobré, lo cual podrá explicar por qué CeCe Winans es la reina de mi *iPod*.

Si el clima es perfecto, ocasionalmente Keith y yo nos subimos al auto, abrimos el techo corredizo, metemos los grandes éxitos de la compañía discográfica Motown en el reproductor de CD, nos vamos por la carretera y cantamos como si no hubiese mañana. He pensado mucho sobre algo que él me dijo hace unos cuantos meses atrás mientras estábamos paseando en el auto y cantando a grito pelado. La canción «Ain't Too Proud to Beg» («No soy tan orgulloso como para no rogar») estaba sonando a todo volumen por las bocinas. El sonido *soul* no se pone mejor que eso. Yo estaba bailando a como el cinturón de seguridad me lo permitiera, chasqueando los dedos, moviéndome de un lado a otro. «¡Ay, cómo me gusta esta canción!», exclamé.

Keith respondió con el mismo entusiasmo: «¡Me gusta como te pones cuando la escuchas! Me di cuenta que hasta a un hombre que está casado con una maestra de Biblia le gusta que su esposa tenga un poquito de frescura. Tal vez *especialmente* un hombre casado con una maestra de Biblia. Me prometí acordarme de eso.

Es verdad. Cualquier tipo de música puede influenciarla a una. Hasta intoxicarla sin siquiera haber bebido una gota. Me di cuenta de eso yo misma un año atrás más o menos. Recibí una invitación para dar una charla en una reunión en Washington, D.C., y como mi primogénita nunca había ido allá, la agarré y me la llevé conmigo. Estando en Washington nos invitaron a un concierto en el Centro Kennedy. Teníamos asientos en el palco, lo cual sucede sólo una vez en la vida. Nos pusimos nuestros vestidos más lujosos y mientras íbamos por los anchos pasillos hasta ubicar nuestros codiciados asientos, nos codeamos con algo de lo mejor de Washington. Yo estaba tan emocionada que casi no podía controlarme. Los músicos afinaban y practicaban, haciendo caso omiso de los que estaban a su alrededor, mientras ese sonido maravillosamente indómito e indistinguible llenaba la sala. Aquello era emocionante. Como algo que sólo se ve en las películas. Sin duda que allí habría estado Audrey Hepburn elegante y hermosa.

Traté de leer mi programa, pero ninguno de los temas tenía un título normal, así como: «Hamburguesa con queso en el paraíso» o «¿Para esto me afeité las piernas?» Tenía muchas ganas de acercarme a la persona que estaba sentada al lado mío, señalar una selección, y decir: «¡Estoy ansiosa por oír esta pieza!» El problema era que la persona que estaba sentada al lado mío era Amanda, y ella sabía que por lo general, mi idea de «una pieza», era una porción de pollo frito. Así que me senté al borde de mi asiento y me dediqué a practicar mi mejor habilidad: Observar a la gente. ¡Y qué observación fue aquella! Nunca la gente me ha impresionado tanto como esa vez, y nunca estuve tan segura de lo impresionados que estaban con ellos mismos.

Hubiese deseado poder decirle que soy una mecenas con experiencia sobre las artes, pero verdaderamente no soy ni siquiera una mecenas con experiencia sobre las artesanías. Me fascinan la música, los libros, las películas y el cine, pero en mi propio nivel sin sofisticaciones. Esa noche, Elli May Clampett fue a la sinfonía, y ella estaba sentada en mi asiento y usando mi cabello. Yo sólo estaba triste de que Jethro no llegara usando la ropa de Keith.

Justo antes de que el reloj diera la hora, la audiencia empezó a aplaudir y muchos se pusieron de pie. Traté de ubicar al director en el escenario, pero no lo pude ver. Notando mi confusión, nuestra experimentada amiga, la que nos acompañaba, explicó: «Está haciendo su entrada la primer violín».

Entonces la vi. Era toda una aparición. Su cabello estaba peinado hacia atrás en un moño. Mientras caminaba por el escenario, su falda larga y negra fluía como nubes grandes, negras y misteriosas. Para mí, parecía una bailarina. Y era como que estuviera bailando un vals mientras se dirigía hacia su silla y la audiencia le daba la bienvenida con bombos y platillos. Yo estaba cautivada. Me imaginé que todas las mujeres en la sala querrían ser ella. Casi ni noté cuando entró el director. No podía quitarle los ojos de encima a la exquisita violinista sentada en la primera silla.

La mayoría de las veces no supe en qué tema estábamos. Ni tampoco pude valorar al pianista invitado que introdujeron a mediados de la velada, pero supongo que era alguien muy especial. La audiencia se volvió absolutamente loca. Él tocaba varios compases, echaba la cabeza atrás y alzaba sus brazos con un dramatismo tremendo. Le interesará saber que *soy* patrocinadora de la Feria Ganadera y de Rodeo de Houston, y la forma en que el pianista tocaba con una mano me recordó algunos jinetes de toros que he visto. Traté de identificarme con él lo mejor que pude.

Al irnos aproximando al final de la velada, los temas se destacaron en un *crescendo* casi inaguantable para el alma. Beethoven revivió, secuestró mis emociones, y me mantuvo cautiva hasta que sentí ganas de llorar. La última nota explotó como fuegos artificiales. Mientras, las manos del director se mantenían extendidas en el aire, lo que pareció durar varios minutos, como si se hubiesen quedado estancadas en la cima de una clave de tiple enorme.

Por unos cuantos segundos, nadie respiraba. Rompiendo el silencio, una dama que estaba justo delante de mí se paró y empezó a gritar a todo pulmón: «¡Bravo! ¡Bravo!» Me quedé atónita. Bueno, seamos realistas. Todos sabemos lo que la palabra significa, pero ¿cuántos hemos estado en un lugar en donde realmente podemos usarla? En mis ambientes usuales, a menudo nosotros gritamos más cosas como: «¡Epa! ¡Ahí está la cosa!» Este fue mi primer viaje a la villa del Bravo, y quedé con los ojos pelados. Luego, una persona tras otra en la audiencia se puso de pie y vitoreó: «¡Bravo! ¡Bravo!» Finalmente, todos en la gran sala estaban de pie aplaudiendo hasta decir no más, y yo, junto con ellos, también gritaba: «¡Bravo! ¡Bravo!»

En solo unos cuantos minutos nos encontramos en el vestíbulo donde los rostros brillaban con una incontenible satisfacción artística. Nosotras nos sentimos privilegiadas por haber asistido al concierto. Salí del Centro Kennedy bailando un vals en mi vestido negro tal como la primer violín lo bailaba mientras se dirigía a ocupar la primera silla de la orquesta. No podía contenerme. Estaba totalmente intoxicada. Durante la cena aquella noche, no dejé de usar un lenguaje sofisticado digno de una bailarina que toca el violín en la primera silla. Comí poco. Uno no puede tocar un instrumento como ese con un estómago lleno. Me comporté como si supiera cosas que no sé. Me sentí elevada. Majestuosa.

Cerca de la medianoche, Amanda y yo nos acostamos sobre las camas llenas de almohadas en nuestro cuarto de hotel y silenciosamente pensamos sobre nuestra noche. De repente, algo me sobrevino. Volví a ser la que era antes. Miré a Amanda y en mi tono característico del campo grité: «¿Qué te pareció eso?» Nos reímos tanto hasta que lloramos. Rodamos de un lado a otro, tirando patadas al aire, y nos dolían tanto los lados que gritábamos del dolor. Justo entonces, la Cenicienta volvió a ser Ellie May, puso la silla sobre su caballo y regresó a Texas.

Con todo y que el concierto estuvo bueno, una canción de Dios en el alma del hombre más sencillo es más que eso. No es sólo para un momento. No es sólo una intoxicación emocional. Es el himno de un alma libre. Una canción de estas expresa algo que ninguna cantidad de palabras puede articular. Ninguna cantidad de afecto no verbal puede demostrar. La música tiene su propia identidad, especialmente cuando los instrumentos y las voces responden al toque del divino Maestro. Nada puede tomar el lugar de una canción. Si se obstruye su salida, el alma se vuelve más y más pesada.

Y nada en este mundo obstruye más la tráquea como el aire contaminado de un pozo.

Pocos pensamos que somos fuertes. Vemos a otros cristianos mostrar un carácter extraordinario soportando tiempos difíciles, pero no estoy segura de que veamos esto en nosotras mismas cuando lo tenemos. Piense en cuántas veces ha tratado de reafirmarle a alguien la fortaleza que tiene en cierta tribulación, y ella se niega a aceptar el cumplido. Sabe el temor que enfrenta por las noches, al igual que nosotros. Conoce muy bien sus debilidades cuando nadie está mirando, al igual que nosotros. Yo no creo que haya muchas personas que piensen que son fuertes. Podemos oír un sinnúmero de sermones sobre el gozo a través de la tribulación, pero no estamos seguros de que alguna vez hemos tenido la fortaleza espiritual para hacer algo más que quejarnos a través de la nuestra.

¿Pero hemos tenido a menudo una canción en nuestros corazones? ¿O una canción preparada para cantar en nuestros labios? No estoy hablando de la melodía perfecta ni de una voz que canta hermosamente. Estoy hablando de la expresión de una alabanza frecuentemente forzada por las circunstancias. De un espíritu en éxtasis. De una alma en descanso. En medio de nuestra dificultad, ¿todavía podríamos cantar a Dios con libertad? ¿Incluso con lágrimas corriéndonos por las mejillas?

Querida, una canción de alabanza, cantada libremente y ofrecida espontáneamente, es una de las características más ostensibles del gozo en la tribulación. Mientras no haya perdido su canción de Dios, usted aún no ha dejado que esa situación la meta totalmente y la entierre en un pozo. De la misma manera, usted sabe que está fuera de ese pozo cuando no sólo le regresan las canciones de antaño, sino cuando percibe que algo fresco ha ocurrido. Dios ha puesto una nueva canción en sus labios. Un himno de alabanza totalmente nuevo hacia su Dios.

Tener una canción nueva en nuestros labios no significa que ya no tenemos el dolor que causó nuestro pozo. Ni tampoco significa que si el nuestro era un pozo de pecado, necesariamente todas las consecuencias quedaron atrás. Solamente significa que ya no estamos estancadas. Ya no estamos derrotadas. Ya no estamos llenas de lodo. Nuestra visión está regresando. Pistas de creatividad están reapareciendo. Es un nuevo día. Después de todo, Dios no nos odia, y tenemos que alabarle. El viento está soplando de nuevo en nuestros rostros y una vez más la esperanza es eterna.

Me acuerdo vívidamente de cada detalle cuando salí del peor pozo de mi vida. Iba sola manejando hacia la casa desde la iglesia en una noche de invierno resplandeciente con estrellas que brillaban en el firmamento. Un profundo dolor emocional me acompañaba por la situación en la cual había estado. Cantando a todo pulmón con la música de alabanza que resonaba por las bocinas del auto, abrí el techo corredizo y grité una y otra vez: «¡Soy libre!» Estaba lejos de encontrarme fuera del dolor, no me malinterprete. Estaba fuera de ese pozo, y sabía, absolutamente, que no iba a regresar allí.

Tener una canción nueva en nuestros labios no necesariamente significa que hemos memorizado tres estrofas de un himno totalmente nuevo, con un coro que nunca hemos oído antes. Puede suceder de esa manera. Usted puede salir de una temporada de dificultad donde una canción cristiana contemporánea o un coro de alabanza y adoración se convierten en la expresión de una oleada fresca de amor y del conocimiento de Cristo.

A veces, durante el tiempo de adoración en mi iglesia, cuando la banda empieza una canción que tiene un significado especial para mí, quisiera mirar hacia el cielo y decirle a Jesús: «Están tocando nuestra canción».

Cuando eso sucede, es un momento maravilloso, pero no es lo que el salmista quiere decir. Él dice que un nivel de alabanza completamente nuevo empieza a salir de una alma liberada. Es como si un cañón desconocido se destapara por dentro en alguna parte muy profunda, y una represa de agua viva se rompiera, lo enjuagara y lo llenara. Un testimonio de la bondad de Dios brota del pozo hacia los labios. La música cobra vida y de repente le pone palabras a sus sentimientos. Usted tiene una canción en su corazón que no puede más que llegar a sus labios, en palabras y melodías. Al parecer, el salmista habría preferido la muerte que darse cuenta que había perdido su amor a la canción. Su expresión de alabanza. Después de todo, una canción es lo que le dio su nombre al salmista (o al cantautor).

Hasta cierto punto, todos somos salmistas. Todos necesitamos la canción.

La música es eterna como la Santa Trinidad, siempre tratando de llenar el espacio sin límites de Dios con ecos infinitos de majestuosidad. El Padre, el Hijo y el Espíritu Santo fueron verdaderamente los autores y el trío emérito de una melodía de tres partes. Según las Sagradas Escrituras, aparentemente consideraron que algo tan maravilloso y milagroso como la creación del planeta Tierra necesitaba un acompañamiento. Como cada miembro de la Trinidad estaría ocupado haciendo su trabajo, ellos compartieron el regalo de la canción con otros que a su vez tocarían la partitura divina en una entrada perfecta. Escúchelo por sí misma en el monólogo de Dios hacia Job:

¿Dónde estabas cuando puse las bases de la tierra?
¡Dímelo, si de veras sabes tanto!
¡Seguramente sabes quién estableció sus dimensiones
y quién tendió sobre ella la cinta de medir!
¿Sobre qué están puestos sus cimientos,
o quién puso su piedra angular
mientras cantaban a coro las estrellas matutinas
y todos los ángeles gritaban de alegría?
(Job 38.4-7)

¿Puede imaginárselo? Si la música que emana de instrumentos terrenales y de lenguas humanas nos da escalofríos, ¿cómo sonará la música en los portales del cielo? Yo pienso que una vez Dios le abrió los oídos a mi amiga por unos cuantos minutos hacia esa dimensión divina. Carrie McDonnall sufrió algo que pocos de nosotros experimentaremos en este mundo. Ella fue la única sobreviviente de unos disparos llenos de odio que acribillaron el auto donde iba ella y otros cuatro cristianos que eran miembros del equipo de socorro en las calles de Irak. No sólo se quedó sin su querido esposo con el cual llevaba veintidós meses de casada, sino que también se quedó con un cuerpo acribillado a balazos.

Mientras estaba sentada junto a su cama en el cuarto del hospital, yo sabía que nunca había estado junto a un alma que había pasado por más cosas. El día completo fue surrealista. Yo sé que esto suena raro, pero cuando hablamos, era como si yo pudiese ver las Escrituras escritas a mano por Dios sobre las paredes. Parecía que Él transportaba ese cuarto de hospital estéril y vacío hacia un lugar secreto detrás del Velo por un breve momento. Aunque su cuerpo estaba horriblemente dañado, las palabras que Carrie me decía eran perfectamente lúcidas y racionales. Al describir el horror de lo que vio y experimentó, también describió lo milagroso. Entre las maravillas que Dios compartió tan gentilmente con su joven servidora, pareció que Él le abría los oídos de tiempo en tiempo para que escuchara la música del cielo.

No sé exactamente de qué trataba esa canción. Quizás ella pudo oír la canción de bienvenida para su esposo David. O tal vez era un salmo peregrino para animarla a que se quedara aquí en esta tierra. Pero también, a lo mejor fue una canción para ayudarla a ofrecer lo que en ese momento probablemente era un sacrificio de alabanza. Cualquiera haya sido la ocasión para la música, Carrie testificó que fue algo que nunca había oído antes. Describió un coro de innumerables voces, pero mi parte favorita de su historia fue que escuchó una armonía por un oído y otra totalmente distinguible por el otro. ¡Qué peculiaridad gloriosa de Dios! Tal vez cuando vayamos al cielo, nuestros dos oídos inmortales podrán oír y procesar lúcidamente dos cosas diferentes al mismo tiempo.

Las canciones del Cielo se cantan sin cesar. A diferencia de Carrie, la mayoría de nosotros simplemente no podemos oírlas porque Dios no nos ha destapado los oídos.

Sin embargo, usted puede saber que se están cantando y, aquí está la mejor parte para nuestros propósitos actuales, mucho más vívidas cuando una persona como usted o yo está siendo liberada.

Por favor, siéntese un poco más recta, sacúdase el entumecimiento de la cabeza, y preste un poco más de atención al leer otra cosa que el salmista testificó a su Dios:

Tú eres mi refugio;
  tú me protegerás del peligro
  y me rodearás con cánticos de liberación.
(Salmos 32.7)

Si eso es verdad, y Dios mismo lo dice, algunas de esas mismas canciones están siendo cantadas ahora mismo. De hecho, según ese versículo, todo este libro y cualquier otro parecido a este debe tener una música que no podemos oír. Si usted ha estado en un pozo, Dios quiere liberarla, y Él la ha rodeado de acompañamiento para su jornada de salida. Tómelo en serio. No, tómelo alegremente. ¡Gloriosamente! Piense en la película más dramática que haya visto. Escuche la música inquietante de la saga de la batalla *Glory*. La música emocionante de la victoria final en *El retorno del rey*, escrita por Tolkien. Escuche a los jugadores de fútbol en *Duelo de Titanes* (*Titanes hicieron historia*), cantando en ingles: «Ain't no mountain high enough [No hay montaña suficientemente alta]».

Ahora, imagínese algo mucho mejor. No creo que usted piense que los productores terrenales de películas y los compositores son mejores que Dios. Cada expresión musical ganadora de un Oscar es meramente el eco del Dios del cual el compositor con pies de barro fue creado a su imagen. Con todo esto en mente, ¿cómo podría pensar que Dios la liberaría de su drama de la vida real, en el cual une al cielo y a la tierra, sin un acompañamiento poderoso? ¿Sin golpes de percusión? ¿Sin violines melancólicos? ¿Sin trompetas de Dios en la victoria? ¿Sin instrumentos que usted nunca haya visto y sonidos que nunca haya escuchado? Ni se lo imagine. Dios, el creador del sonido cuadrafónico la persigue con melodía y la teje con armonía hasta que su alma cautiva encuentre libertad y sus pies adoloridos encuentren estabilidad. Cristo, el Rey, el Creador del universo, la busca y la rodea *a usted* con canciones de liberación.

¿Puede dejar que esto se meta en su alma? ¿Podría permitir sentirse amada? ¿Perseguida? ¿Importante? Tal vez usted y yo podamos oír esa música acompañándonos en cada una de nuestras etapas de liberación cuando lleguemos al cielo. Imagínese a Dios dándonos un CD personalizado con una escena victoriosa de la batalla final pintada sobre el rótulo. Tal vez describa el momento en que una ex residente del pozo como yo ganó y empezó a cambiar.

Pero ahora que lo pienso, espero que no sólo sea un CD. Tiene que ser un DVD. Un drama real le sucede a gente real de carne y hueso, que actúa en el escenario de la Tierra, pero narrado desde el punto de vista del cielo. No sólo escucharemos la música; veremos la película. Seguro que todas las mejores partes están guardadas en archivos celestiales que se abrirán cuando estemos allá. Sólo en este tiempo podremos ver el cuadro entero: la guerra furiosa en el reino invisible que sucedió por encima de nuestras cabezas, cuando los ángeles de luz lucharon contra los ángeles de la oscuridad. Veremos exactamente dónde estaba Jesús y qué estaba haciendo mientras se desarrollaba cada evento. Escucharemos la voz de Dios dándoles órdenes a los elementos para que cooperaran. Para que nuestras cadenas se desintegraran. Y después de toda nuestra espera, llegaremos al momento exacto cuando Dios gritó: «¡Ahora!» O al menos pienso que lo haremos. Porque nuestro Dios es un Rey dramático. Si Él tiene la partitura que contiene las canciones de nuestra liberación, ¿por qué no va a tener también la película no ficticia para la cual fueron escritas las canciones? Después de todo, ¿qué es una partitura sin una escena?

Hasta que llegue ese momento, vaya y cante por fe. Le puedo asegurar una cosa: la música está sonando. ¿Y quién sabe? Quizás nuestras almas puedan oír lo que nuestros oídos no pueden discernir.

Si tiene el valor suficiente, tal vez pueda sacudir un poco de polvo y bailar. Eso fue lo que mi personal y yo hicimos unos cuantos días atrás. Yo estaba terminando una reunión con mi asistente de correspondencia en la oficina al final del pasillo, escribiéndoles unas cuantas notas a hermanas queridas que nunca he conocido. Era un poco después de las doce del día, y el resto de mi personal estaba reunido en la oficina principal esperando para ir a almorzar. Usualmente los viernes son un gran día en el ministerio, pero este viernes en particular Dios había sobrepasado la rutina. Oraciones contestadas y motivos de alabanza habían surgido toda la mañana, como si Él hubiera estado en el humor de lucirse.

De repente, escuché música que venía de la oficina principal. Una música con un ritmo que se podía sentir hasta en los huesos. Luego escuché el sonido de pisadas. «¡Están bailando!», le dije a Nancy. «¡Vamos a bailar con ellos!» No lo tuve que decir dos veces. Ella saltó como un muñeco a resorte de una caja de sorpresas y casi me gana corriendo por el pasillo. El baile de alabanza espontáneo no sucede todo el tiempo en Living Proof Ministries, y yo no me lo quería perder. Corrimos a la oficina principal y todas, bautistas, metodistas y luteranas, para mencionar algunas, cantamos, alabamos y bailamos al ritmo de la música.

La mayor parte del piso estaba vacío ya que el resto de la gente se había ido a almorzar. Pero mientras nosotras estábamos en medio de la adoración, dos mujeres pasaron al frente de las puertas de vidrio del área de recepción. Me imagino que andaban buscando la oficina de seguros que estaba al lado. Se detuvieron y preguntaron: «¡Qué es lo que están haciendo?» Yo abrí la puerta y grité por encima de la música: «Dios fue súper bondadoso con nosotras esta mañana, contestando miles de oraciones. ¡Sólo estamos celebrando! ¡Discúlpennos si les interrumpimos!»

Ellas se empezaron a reír nerviosamente, nos miraron como si estuviésemos locas, y se fueron caminando. O tal vez corriendo. Sin inmutarnos, nosotras seguimos bailando.

Segundo después, regresaron y entraron a nuestra oficina. Venían llorando. «¿Pueden orar por ella?», preguntó una mientras agarraba la mano de la otra. «Está pasando por una situación muy difícil». «¡Con mucho gusto!» Mi personal y yo pusimos nuestras manos sobre esa preciosa e insospechable joven, y clamamos al cielo por ella y todo lo que le concernía. Cristo vino a Lacey ese día en la pista de baile al ritmo de la canción de otra persona. Así pasa algunas veces. Pues es contagioso.

> Puso en mis labios un cántico nuevo,
> un himno de alabanza a nuestro Dios.
> Al ver esto, muchos tuvieron miedo
> y pusieron su confianza en el Señor.
> (Salmos 40.3)

y **PUSIERON** su

confianza

en el

SEÑOR.

—Salmos 40.1–3

CAPÍTULO DIEZ

Nuestro futuro sin pozos

Mis botas fueron hechas para caminar, así que casi nunca estoy ansiosa para que una jornada termine. Por otro lado, acabo de darme cuenta de que es mejor terminar un día antes que quedarse un día después cuando ya es demasiado tarde. Bueno, yo me quedé cuando era demasiado tarde, y como castigo y también para evitar que a mi editora le dé un ataque, me toca escribir este último capítulo desde el asiento 14F en un vuelo atestado de gente, desde Washington, D.C., hasta el súper repleto aeropuerto O'Hare en Chicago. Con o sin las botas para caminar, estoy lista para llegar.

Salimos un poco tarde, así que cuando aterrizamos, Keith, Melissa y yo correremos como el viento (tal vez más como una brisa suave con nuestras piernas de hule) hacia otra terminal, donde esperamos poder abordar el último vuelo de nuestro viaje largo de regreso a casa desde Sudáfrica. Después de una semana y media de conferencias y ministerio sobre el SIDA en Ciudad del Cabo y en Johannesburgo, y después de unos cuantos días de safari, mirando un cielo durante la noche el cual sólo se puede ver desde la parte inferior del mundo, es tiempo de regresar a casa. Especialmente ahora que el Departamento de Seguridad Nacional de los Estados Unidos acaba de prohibir que los pasajeros lleven cualquier clase de líquidos y geles en sus maletas de mano, debido a las recientes amenazas terroristas.

A mí no me gusta la gente que se queja, pero esta prohibición incluye a los cosméticos y entre los cosméticos —déjeme respirar profundo— están los lápices labiales. Para mí, esto significa dejar atrás los ocho tubos de varios tonos rosa que llevo conmigo prácticamente adondequiera que vaya desde que tenía catorce años de edad.

Llámeme remilgada. No me importa. No he dormido como en cuarenta días y cuarenta noches, ni me puedo acordar cuándo fue la última vez que me di un baño, como lo pueden atestiguar las personas que están sentadas al lado mío. Creo que mis vecinos en el avión podrían lidiar mejor con la forma en que huelo si me viese mejor. No estoy segura que haya ayudado, pero en vez de café ordené jugo de tomate, con la esperanza de que tiñera algo mis labios.

Una cosa extraña sucedió en el último día que estábamos en Johannesburgo, donde pasamos nuestras últimas pocas horas en un centro comercial gigantesco. Yo estaba tranquila en el patio de comidas, cuando una mujer que se veía perfectamente normal parada en el mostrador de Kentucky Fried Chicken, dijo en un fuerte acento africano: «Perdone, señora, ¿le gustaría que le leyera las cartas?» Miré a sus tres niños que estaban comiendo la receta original del Coronel de un puñado de muslos de gallina y luego la miré a ella. Allí estaba ella, de pie, con la expresión de alguien que me acabara de preguntar si quería probar unas salchichas de barbacoa con un palillo de dientes. Mi cerebro con desfase horario estaba tratando de ponerse a tono con mis oídos.

«Oh, no. No, gracias. Ninguna carta, por favor. Sólo estoy aquí para comprar... (de repente no pude ni acordarme de por qué estaba allí) *pescado*. Pescado frito. Gracias de todas maneras».

Melissa y yo nos miramos. «¿Será una bruja?» le susurré a mi hija menor. La mujer tenía un mechón gris en el centro de su peinado recogido de color negro azabache. Melissa todavía no ha entrenado el ojo para identificar a las brujas, así que no sabía. De alguna manera, en nuestras clases de apología ella y yo nos perdimos la parte acerca de cómo responderle a alguien que se ofrece para leernos las cartas del Tarot. Eso no quiere decir que no sepamos nada acerca del futuro, porque sí sabemos. Antes de que usted y yo cerremos este libro y nos vayamos a descansar, pensé que querría saber cómo termina esta historia. Después de todo, la vida nos deja a oscuras acerca de tantas cosas. Cuando éramos niñas, pensábamos que sabíamos qué es lo que queríamos ser cuando creciéramos, pero cuando crecemos, muchas de nosotras no tenemos ni idea. Caminamos hacia el altar y hacemos promesas «hasta que la muerte nos separe», pero sólo Dios sabe quién se va a separar primero. Nuestros bebés dan sus primeros pasos para poder llegar hasta nosotros, pero no tenemos ni idea de adónde los irá a llevar la vida. O si todavía nos van a querer cuando lleguen allá. Se nos diagnostica una enfermedad crónica y nos dicen con frialdad cuál es el índice de sobrevivencia, pero no tenemos ni idea cuál es nuestro número en esas estadísticas. Vemos las noticias mundiales y nos retorcemos al darnos cuenta que tener pleno uso de las facultades mentales no es necesariamente un requisito para ser un líder mundial.

Nos preguntamos cómo es que algún maniático no ha perdido la mente y todavía no haya hecho que el planeta explote. Nos secamos el cabello y nos preguntamos si estamos contribuyendo al calentamiento global. Si vivimos lo suficiente y nos mantenemos conectados por suficiente tiempo, quedamos haciendo las mismas preguntas que nuestros abuelos y padres hicieron: *¿Qué es lo que está pasando con este mundo?* Y movemos la cabeza como si nadie tuviera idea de nada.

Dios dejó bastantes preguntas sin contestar. Primeramente, me imagino, porque «sin fe es imposible agradar a Dios» (Hebreos 11.6). También pienso que a Él le gustan las sorpresas; sin embargo, lo que está pasando con este mundo es una pregunta que sigue sin respuesta. Según Apocalipsis 21, el mundo como lo conocemos va a dejar de existir, y Dios va a traer a existencia un cielo nuevo y una tierra nueva con características más allá de lo que jamás nos pudiésemos imaginar.

La mayoría de la gente está de acuerdo en que el cielo es una mejor opción que el infierno pero, relativamente hablando, sólo un puñado de cristianos realmente anticipa su futuro allí. Seamos realistas. Estamos que nos morimos de miedo de sólo pensar que estar en el cielo va a ser como estar en nuestros servicios en la iglesia, sólo que en vez de salir al mediodía, el culto va a durar por toda la eternidad. Por más que tratemos, no podemos imaginarnos cómo cualquier cosa santa pueda ser alegre. Y mucho menos divertida.

Unos cuantos años atrás, me encontraba estudiando el capítulo siete de Apocalipsis para una serie que estaba enseñando, y Dios me recordó de un versículo familiar del Antiguo Testamento usando la misma metáfora del versículo que acababa de leer. Un contraste maravilloso saltó de la página e hizo que mi imaginación diera vueltas. Véalo usted misma. El primer versículo se refiere a la vida en la tierra. El segundo se refiere a la vida en el cielo. Salmos 23.1-3 dice:

El SEÑOR es mi pastor, nada me falta;
en verdes pastos me hace descansar.
Junto a tranquilas aguas me conduce;
me infunde nuevas fuerzas.
Me guía por sendas de justicia
por amor a su nombre.

Apocalipsis 7.17 dice: «Porque el Cordero que está en el trono los pastoreará y los guiará a fuentes de agua viva».

Vea usted: aguas tranquilas en la tierra. Fuentes de agua viva en el cielo. Comparado con la existencia de aguas rápidas que tendremos en el cielo, aquí somos como sapos sentados sobre la hoja de un lirio en un estanque. A pesar de nuestras expectativas, el cielo es donde está la acción. Nuestra existencia actual se completa con cada amanecer, atardecer, cambio de estación, cordillera, cañada, océano espumoso. No es más que la sombra de una realidad inimaginable. Sáquese la idea de la cabeza de que la vida en un estado perfecto tiene que ser una decepción. Nuestros corazones y mentes todavía necesitan sanarse si es que en algún lado muy dentro de nosotros aún asociamos la diversión con el pecado. No importa lo que alguien le haya hecho creer, el pecado no es donde está la diversión. Quizás la vida aquí en la tierra a veces sea buena, pero aferrarse a este juego es como rehusar bajarse del vehículo que la lleva desde el estacionamiento hasta las puertas de Disneylandia.

Me gusta mucho un gran final, y quiero que sepa que vamos a tener uno. El autor de nuestra fe sabe cómo lograrlo. Al concluir este libro acerca de cómo salirse del pozo, quiero que sepa qué le sucederá al diablo cuando todo termine. Justicia poética. Apocalipsis 20.1-3 lo describe:

> Vi además a un ángel que bajaba del cielo con la llave del abismo y una gran cadena en la mano. Sujetó al dragón, a aquella serpiente antigua que es el diablo y Satanás, y lo encadenó por mil años. Lo arrojó al abismo, lo encerró y tapó la salida.

Allí lo tiene. Antes de que Dios se deshaga de Satanás de una vez por todas, Él va a hacer que pruebe el pozo. Es el plan perfecto, de veras. Y absolutamente bíblico. Después de todo, hace mucho tiempo, Salmos 7.15-16 prometió que:

> Cavó una fosa y la ahondó,
> y en esa misma fosa caerá.
> Su iniquidad se volverá contra él;
> su violencia recaerá sobre su cabeza.

En la economía de Dios, aquellos que cavan un pozo para otros, invariablemente ellos mismos caen en él (vea Salmos 57.6). Dios escribe finales perfectos. Él es así. En definitiva, Él es un artífice de la palabra. Cada principio tendrá un final adecuado. El león rugiente que merodea, después de toda esa tierra que ha acumulado en sus garras cavando pozos para nosotros, finalmente va a encontrarse enjaulado en su propio pozo. Tal vez la razón por la cual su pozo es tan profundo, sea porque Dios está cavándolo hasta que alcance la suma de todos los pozos que el diablo ha cavado para nosotros. Para el tiempo en que Satanás vea la vida desde el pozo sin fondo, nuestros pies van a estar firmes sobre la Roca para siempre. El aire va a estar despejado. La vista será diáfana como un cristal. La comunión, dulce. Y los sufrimientos actuales no podrán compararse con la gloria que nos será revelada (vea Romanos 8.18). Viajaremos sin balsa ni salvavidas por los ríos de agua viva y luego nos deleitaremos en el Hijo.

Hasta ese entonces, la vida en esta tierra maltratada no será fácil, pero nunca más tendremos que vivir en el fondo de un pozo. Claro que aún tendremos días malos. Yo tuve uno ayer y me lo tomé con los sedimentos del capuchino que había comprado en Starbucks. Cuando moví en círculos la taza para ver si quedaba algo, mis ojos se clavaron en una cita de un músico que estaba impresa en la parte de atrás. Esto es lo que decía: «Es trágico que los extremistas opten por la noción de Dios y, que los entusiastas del jazz y los artistas rechacen la espiritualidad de plano. Yo no tengo una idea rígida sobre Dios. Pero pienso que nosotros, los problemáticos, los medio locos, los violentos, los que estamos buscando, somos los que necesitamos a Dios más de lo que la gente buena lo necesita»[1].

No sé nada acerca de quien escribió esto ni de su teología en general. Sólo sé que yo tengo muchos problemas y soy más que medio loca. Y allí mismo, en el peor de los pozos, mientras estaba metida hasta la cintura en el pozo por lo que parecía ser la milésima vez, Cristo extendió su brazo poderoso hasta la profundidad, y dijo, en una forma que finalmente pude oír: «¿Necesitas una mano?»

Él me dijo: «Levántate», y bien que lo hizo porque he estado demasiado tiempo yaciendo en medio de la mundanalidad. Él ha resucitado, yo he resucitado en Él, ¿por qué entonces debo aferrarme al polvo? Desde los más bajos amores, deseos, pasatiempos y aspiraciones debo ascender hacia Él... Pero, Señor, ¿cómo puede ascender una piedra? ¿Cómo puede un pedazo de arcilla salir de pozo tan horrible? Ay, levántame, sácame. Tu gracia lo puede hacer. Envía tu Espíritu Santo para que encienda las llamas sagradas del amor en mi corazón, y seguiré ascendiendo hasta que la vida y el tiempo queden atrás, y realmente salga de allí.[2]

«¡Levántate, amada mía; ven conmigo, mujer hermosa!»
(Cantares 2.10)

NOTAS

Capítulo 2

1. Spiros Zodhiates, ed., "Lexical Aids to the New Testament", *The Hebrew-Greek Key Word Study Bible: #1923* (Chattanooga, TN: AMG Publishers, 1998), p. 1621.
2. Greg Paul, *God in the Alley* (Colorado Springs: Shaw, 2004), p. 37.

Capítulo 4

1. Kurt Richardson, *New American Commentary: James* (Nashville: Broadman and Holman, 1997), p. 80 (vea tanto el texto como la nota de pie 69).

Capítulo 6

1. *Merriam-Webster Collegiate Dictionary*, décima edición, s.v. "consentimiento". (Traducción.)

Capítulo 7

1. Steve Carr, "Set Free in Angola Prison", *Decision*, junio 2006, p. 8.
2. Ibid., p. 11.
3. Spiros Zodhiates, ed., "Lexical Aids to the Old Testament", *The Hebrew-Greek Word Study Bible: #7747* (Chattanooga, TN: AMG Publishers, 1998), p. 1548.

4. G. Johannes Botterweck, Helmer Ringgren, y Heinz-Joser Fabry, eds., *The Theological Dictionary of the Old Testament* (Grand Rapids, MI: Eerdmans), p. 568.

5. Spiros Zodhiates y Warren Baker, eds., *The Complete Word Study Old Testament*, #6960 (Chattanooga, TN: AMG Publishers, 1994), p. 2360.

6. Ibid.

Capítulo 10

1. Mike Doughty, *The Way I See It #158* (Serie de las tazas Starbucks Coffee, 2006)

2. Charles Spurgeon, *Morning and Evening*, Morning, 25 abril (Nashville: Thomas Nelson, 1994).

Cada día, antes de clamar, confesar y consentir, acostúmbrese a ser un eco de lo que hizo Cristo en Juan 11.41b-42, donde Él dijo: «Padre, te doy gracias porque me has escuchado. Ya sabía yo que siempre me escuchas». Ninguna otra cosa hace más para que perdamos la confianza que una temporada en el pozo. Para poder fortalecer su confianza en Dios y en la libertad que tiene de estar ante su Trono, empiece el segmento de las Escrituras de cada día, declarando su convicción absoluta de que Él la escucha cuando usted ora. Diga algo así como esto:

Padre, tu Hijo murió y resucitó para darme acceso directo a ti. Eso significa que puedo orar como Él oró.
En su nombre te doy gracias por adelantado porque siempre me escuchas. Yo sé que me estás escuchando ahora mismo y que mis oraciones siempre son importantes para ti.

Luego, proceda.

DOMINGO

CLAME

Te invoco, Señor, que eres digno de alabanza, y quedo salva de mis enemigos. Las olas de la muerte me envolvieron; los torrentes destructores me abrumaron. Me enredaron los lazos del sepulcro, y me encontré ante las trampas de la muerte. En mi angustia te invoco Señor; te llamo mi Dios, y desde tu templo tú escuchas mi voz; mi clamor llega a tus oídos (2 Samuel 22.4-7). Fuerza mía, ven pronto en mi auxilio (Salmos 22.19b). Extiende tu mano desde lo alto y toma la mía; sácame del mar profundo. Líbrame de mi enemigo poderoso, de aquellos que me odian y que son más fuertes que yo (Salmos 18.16-17). Sácame a un amplio espacio; líbrame, Señor, porque te agrado (Salmos 18.19).

Añada sus propias palabras...

CONFIESE

Examíname, oh Dios, y sondea mi corazón; ponme a prueba y sondea mis pensamientos. Fíjate si voy por mal camino y guíame por el camino eterno (Salmos 139.23, 24). (Cuando sea aplicable...) Padre, te confieso mi pecado. No quiero ocultártelo. Voy a confesarte mis transgresiones, Señor, y perdonarás mi maldad y mi pecado (Salmos 32.5). Confieso que tú eres mi roca, mi amparo, y mi libertador; eres mi roca en la cual me refugio, mi escudo y el poder de mi salvación. Eres mi más alto escondite, mi refugio, y mi salvador, sálvame de cualquier cosa que quiera destruirme (2 Samuel 22.2-3).

Añada sus propias palabras...

CONSIENTA

Eres mi lámpara, oh Señor; tú iluminas mis tinieblas. Con tu apoyo puedo lanzarme contra un ejército; contigo puedo saltar una muralla. En cuanto a ti, Padre, tu camino es perfecto; tu palabra es intachable. Tú eres un escudo para todos los que en ti se refugian. ¿Pues quién es Dios, si no el Señor? Y ¿quién es la roca, si no tú? (2 Samuel 22.29-32). Si estás de mi parte, ¿quién puede estar en contra mía? No escatimaste ni a tu propio Hijo, sino que lo entregaste por mí. ¿Cómo no habrás de darme generosamente, junto con él, todas las cosas? (Romanos 8.31-32). Tú sabes los planes que tienes para mí, oh Dios. Planes de bienestar y no de calamidad. Planes para darme un futuro y una esperanza (Jeremías 29.11). Gracias Dios, por querer llevarme hacia el triunfo (2 Corintios 2.14).

Añada sus propias palabras...

LUNES

CLAME

A ti clamo, Señor, roca mía; yo estoy segura de que no te desentiendes de mí. Porque si guardas silencio, ya podría contarme entre los que se quedan en el pozo. Oye mi voz que te suplica que tengas misericordia, cuando a ti acudo en busca de ayuda (Salmos 28.1-2). Con todo el corazón clamo a ti; respóndeme, Señor. Quiero obedecer tus decretos. A ti clamo; sálvame y con tu ayuda cumpliré tus estatutos. Ayúdame a levantarme antes del amanecer para pedirte ayuda; En tu palabra he puesto mi esperanza (Salmos 119.145-147). Sácame de este pozo resbaladizo, del lodo y del pantano. Pon mis pies sobre una roca, y dame un terreno firme en qué pararme. Pon en mis labios un cántico nuevo, un himno de alabanza a ti, mi Dios. Haz que muchos vean y pongan su confianza en ti, Señor (Salmos 40.2-3).

Añada sus propias palabras...

CONFIESE

No hay nadie como tú, mi Dios, quien cabalga en los cielos para ayudarme, entre las nubes con toda tu majestad. Tú, Dios eterno, eres mi refugio y me sostienes entre tus brazos. Expulsa de mi presencia al enemigo, Señor, diciendo: «¡Destrúyelo!» (Deuteronomio 33.26-27) ¡Bendecida soy! ¿Quién es como yo, una persona rescatada por el

Señor? Tú eres mi escudo y mi ayuda, y mi espada gloriosa (Deuteronomio 33.29). Señor, que acuda tu mano a mi ayuda, porque he escogido tus preceptos. Ansío tu salvación, oh Señor, y que tu ley sea mi regocijo. Déjame vivir para alabarte, y que tus leyes me sostengan. Me he extraviado como una oveja perdida. Ven en busca de tu sierva, porque no he olvidado tus mandamientos (Salmos 119.173-176).

Añada sus propias palabras...

CONSIENTA

Dios, tú me armas de valor y enderezas mi camino. Puedes hacer que mis pies tengan la ligereza del venado; tú puedes mantenerme firme en las alturas. Tú adiestras mis manos para la batalla; mis brazos para tensar arcos de bronce. Tú me das tu escudo de victoria; te agachas para levantarme. Me has despejado el camino para que mis tobillos no flaqueen (2 Samuel 22.33-37). Nada es imposible para ti, mi Señor (Génesis 18.14). Me encomiendo a tus manos. Líbrame, oh Señor, Dios de la verdad (Salmos 31.5). Bendito seas, Señor, por mostrarme tu gran amor cuando me sentía asediada y arrojada de tu presencia. Tú oíste mi voz suplicándote que tuvieras misericordia (Salmos 31.21-22).

Añada sus propias palabras...

MARTES

CLAME

Clamo a ti, oh Señor, a voz en cuello y tú me responderás desde tu monte santo (Salmos 3.4). ¡Levántate, oh Señor! ¡Libérame, oh mi Dios! Sólo de ti viene la liberación. Que tu bendición sea sobre tu pueblo (Salmos 3.7-8). Que mi clamor llegue a tu presencia, oh Señor; dame entendimiento conforme a tu palabra. Que lleguen a tu presencia mis súplicas; líbrame, conforme a tu promesa (Salmos 119.169-170). Señor, tú eres mi luz y mi salvación, ¿a quién temeré? El Señor es el baluarte de mi vida ¿quién podrá amedrentarme? (Salmos 27.1) Hazme segura de esto: Voy a ver la bondad del Señor en esta tierra de los vivientes (Salmos 27.13). Tú me has dicho que todo es posible para aquel que creyere. Ayúdame en mi poca fe (Marcos 9.23-24).

Añada sus propias palabras...

CONFIESE

Señor, ayúdame a discernir mis errores. Perdóname aquellos de los que no estoy consciente. Libra, además, a tu sierva de pecar a sabiendas; no permitas que tales pecados me dominen (Salmos 19.12-13a). Señor, tú me llamas dichosa porque mis transgresiones han sido perdonadas y mis pecados han sido borrados. Dichoso es aquel a quien el SEÑOR no toma en cuenta su maldad y en cuyo espíritu no hay engaño. Señor, mientras guardé silencio y no te confesé mi pecado, mis huesos se fueron consumiendo por mi gemir de todo el día. Mi fuerza se fue debilitando como al calor del verano, porque día y noche tu mano pesaba sobre mí. Ayúdame a continuar confesando mis transgresiones y ayúdame a confiar en tu inquebrantable perdón (Salmos 32.1-5).

Añada sus propias palabras...

CONSIENTA

Señor, yo sé que tú eres el Dios eterno, creador de los confines de la tierra. No te cansas ni te fatigas, y tu inteligencia es insondable. Tu fortaleces al cansado y acrecientas las fuerzas del débil. Aún los jóvenes se cansan y se fatigan, y los muchachos tropiezan y caen; pero los que confían en ti, renovarán sus fuerzas. Volarán como las águilas; correrán y no se fatigarán, caminarán y no se cansarán (Isaías 40.28-31). Señor, mientras me estás pidiendo que coopere para salirme de este pozo, ayúdame a tener la seguridad de que trabajo y lucho fortalecida con todo tu poder, el cual obra poderosamente en mí (Colosenses 1.29). Tu gracia es suficiente para mí, pues tu poder se perfecciona en mi debilidad (2 Corintios 12.9a).

Añada sus propias palabras...

MIÉRCOLES

CLAME

Desde las profundidades del abismo, elevo mi clamor, oh Señor; oh Señor, escucha mi voz. Estén atentos tus oídos a mi voz suplicante (Salmos 130.1-2). Si estoy en Cristo y Él es mi Salvador, no necesito temer ser condenada por ti, Señor, porque tu palabra dice que no hay ninguna condenación para los que están unidos a Cristo Jesús (Romanos 8.1). Si tú, oh Señor, tomaras en cuenta los pecados, ¿quién sería declarado inocente? Pero en ti se halla perdón; y por eso eres temido. Espero en ti Señor, te espero con toda el alma; en tu palabra he puesto mi esperanza (Salmos 130.3-5). Quiero vestirme de humildad ante ti y ante otros, Señor, porque te opones a los orgullosos, pero les das gracia a los humildes (Santiago 4.6).

Añada sus propias palabras...

CONFIESE

Señor, ayúdame para que pueda hacer morir todo lo que es propio de la naturaleza terrenal: inmoralidad sexual, impureza, bajas pasiones, malos deseos y avaricia, la cual es idolatría. Caminé por algunos de estos caminos, Señor, pero con tu poder, puedo abandonar cosas como: enojo, ira, malicia, calumnia y lenguaje obsceno. Ayúdame para que deje de mentir, ya que me estoy quitando el ropaje de la vieja naturaleza con sus vicios, y me estoy poniendo el de la nueva naturaleza, que se va renovando en conocimiento a imagen de su Creador (Colosenses 3.5-10). Quiero mantenerme fiel a tus enseñanzas, Señor, y al conocer la verdad, la verdad me hará libre (Juan 8.31-32).

Añada sus propias palabras...

CONSIENTA

Señor, por favor ayúdame a preparar mi mente para la acción. Ayúdame a tener dominio propio y a poner mi esperanza completamente en la gracia que se me dará cuando se revele Jesucristo (1 Pedro 1.13). Señor, ayúdame a no estar inquieta y angustiada desde adentro. Yo puedo poner mi esperanza totalmente en ti, Señor, y seguiré alabándote, mi Salvador y mi Dios (Salmos 42.5). En todas estas cosas soy más que vencedora por medio de ti, mi Dios, que me amas. Estoy convencida de que nada puede apartarme del amor que me has manifestado en Cristo Jesús mi Señor: ni la muerte ni la vida, ni los ángeles ni los demonios, ni lo presente ni lo por venir, ni los poderes, ni lo alto, ni lo profundo, ni cosa alguna en toda la creación (Romanos 8.37-39). Nunca me has dejado ni me has abandonado (Hebreos 13.5). Siempre estás conmigo (Mateo 28.20).

Añada sus propias palabras...

JUEVES

CLAME

Señor, tu palabra dice que si llamo a la inteligencia y pido discernimiento, y si lo busco como a la plata, como a un tesoro escondido, entonces comprenderé el temor del Señor y hallaré el conocimiento de Dios. Porque tú das sabiduría y de tus labios brotan el conocimiento y la ciencia (Proverbios 2.3-6). He cosechado algunas consecuencias, Señor, ayúdame a no despreciar tu disciplina, ni a ofenderme por tus reprensiones. Tú disciplinas a los que amas, como corrige un padre a su hijo querido (Proverbios 3.11-12). Tú eres bueno y perdonador, oh Señor, grande es tu amor por todos los que te invocan. Presta oído a mi oración, oh Señor; atiende a la voz de mi clamor (Salmos 86.5-6). No me tratas conforme a mis pecados (Salmos 103.10). Como alto es el cielo sobre la tierra, así de grande es tu amor por los que te temen (Salmos 103.11).

Añada sus propias palabras...

CONFIESE

Jesús, tú dijiste que todo el que oye tus palabras y las pone en práctica es como un hombre prudente que construyó su casa sobre la roca. Cayeron las lluvias, crecieron los ríos, y soplaron los vientos y azotaron aquella casa; con todo, la casa no se derrumbó porque estaba cimentada sobre la roca. Pero yo he sido como la persona que oyó tus palabras y no las puso en práctica. Algunas veces he sido como aquel hombre insensato que construyó su casa sobre la arena. Cayeron las lluvias, crecieron los ríos, y soplaron los vientos y azotaron aquella casa. Partes de ella se han derrumbado con gran estrépito (Mateo 7.24-27). Tú puedes conferirme el poder de reconstruir las ruinas antiguas y levantar los cimientos de antaño. Puedo convertirme en reparadora de muros derruidos (Isaías 58.12). Hallaré gozo en ti, Señor y cabalgaré sobre las cumbres otra vez y me deleitaré en mi herencia (Isaías 58.14).

Añada sus propias palabras...

CONSIENTA

Señor, con respecto a la vida que antes llevaba, tú me estás ayudando a quitarme el ropaje de la vieja naturaleza, la cual está corrompida por los deseos engañosos continuos. Renuévame en la actitud de mi mente y ayúdame a ponerme el ropaje de la nueva naturaleza, creada a tu imagen en verdadera justicia y santidad (Efesios 4.22-24). Quiero ofrecerte mi cuerpo como sacrificio vivo, santo y agradable a ti, Señor. Nunca encontraré sanidad al amoldarme al mundo actual. Ayúdame a buscar la transformación mediante la renovación de mi mente. Ayúdame a comprobar y aprobar cuál es tu voluntad para mí, Señor. Tu voluntad para mi vida es buena, agradable y perfecta (Romanos 12.1-2).

Añada sus propias palabras...

VIERNES

CLAME

Restáurame, oh Dios Todopoderoso; haz resplandecer tu rostro sobre mí para que pueda ser liberada (Salmos 80.7). Respóndeme con imponentes obras de justicia, oh Dios mi Salvador (Salmos 65.5). Mi salvación y mi honor dependen de ti, Dios; tú eres mi roca poderosa, mi refugio (Salmos 62.7). Crea en mí un corazón limpio, oh Dios, y renueva la firmeza de mi espíritu. Gracias por la seguridad que tengo en Cristo de que tú nunca me alejarás de tu presencia, ni me quitarás tu santo Espíritu. Devuélveme la alegría de tu salvación y otórgame un espíritu obediente para sostenerme (Salmos 51.10-12).

Añada sus propias palabras...

CONFIESE

Vengo a ti, Jesús, cansada y agobiada. Por favor, dame descanso. Quiero cargar con tu yugo y aprender de ti, pues eres apacible y humilde de corazón. Déjame encontrar descanso para mi alma. Porque tu yugo es fácil y tu carga es liviana (Mateo 11.28-30). Señor, eres fiel a todas tus promesas y bondadoso en todas tus obras. Tú levantas a los caídos y sostienes a los agobiados (Salmos 145.13b-14). Ayúdame a confiar siempre en ti y a abrir mi corazón ante ti, porque eres mi refugio

(Salmos 62.8). Tú, oh Dios, eres poderoso y tú, oh Señor, eres todo amor (Salmos 62.11b-12a).

Añada sus propias palabras...

CONSIENTA

Padre, cuando yo estaba muerta en mis pecados y antes de la circuncisión de mi naturaleza pecaminosa, me diste vida en unión con Cristo. Perdonaste todos mis pecados y anulaste la deuda que tenía pendiente por los requisitos de la ley, que estaba en contra mía y me era adversa; me la quitaste, clavándola en la cruz. Y desarmando a los poderes y a las potestades, los humillaste en público al exhibirlos, triunfando en la cruz (Colosenses 2.13-15). Por tanto, estoy bendecida con toda bendición espiritual en Cristo, porque tú me escogiste en él antes de la creación del mundo, para que sea santa y sin mancha delante de él. Tú me predestinaste para ser adoptada como hija tuya por medio de Jesucristo, según el buen propósito de tu voluntad (Efesios 1.3-5). Ahora, dame el Espíritu de sabiduría y de revelación para que te conozca mejor (Efesios 1.17). Ayúdame a desear hacer tu voluntad, oh mi Dios. Pon tu ley dentro de mi corazón (Salmos 40.8).

Añada sus propias palabras...

SÁBADO

CLAME

Escucha mi clamor, oh Dios; atiende a mi oración. Desde los confines de la tierra te invoco, pues mi corazón desfallece; llévame a una roca donde esté yo a salvo. Porque tú eres mi refugio, mi baluarte contra el enemigo. Anhelo habitar en tu casa para siempre y refugiarme debajo de tus alas (Salmos 61.1-4). Déjame verte en todo tu esplendor, Señor (Éxodo 33.18). Ayúdame a mantener el rostro descubierto ante ti y haz que refleje esa gloria. Continúa transformándome a tu semejanza con más y más gloria que viene de ti, Señor (2 Corintios 3.18).

Añada sus propias palabras...

CONFIESE

Señor, ayúdame a acercarme a ti con mi corazón, no sólo con mi boca. Ayúdame a honrarte no sólo con mis labios. Ayúdame a no mantener mi corazón lejos de ti. Abre mis ojos para ver si mi adoración hacia ti no es más que un mandato enseñado por hombres (Isaías 29.13). Quiero adorarte en espíritu y en verdad, Señor (Juan 4.23). Donde está el Espíritu del Señor, allí hay libertad (2 Corintios 3.17). Tengo el tesoro de Cristo mismo en mi vasija de barro para que se vea que el poder tan sublime es de Dios y no mío. He sido atribulada en todo, pero no abatida; estoy perpleja, pero no desesperada; perseguida, pero no abandonada. He sido derribada, pero no destruida. Por tanto, no me desanimo (2 Corintios 4.7-9, 16a).

Añada sus propias palabras...

CONSIENTA

Padre mío, cuán grande es el amor que me haz dado, para que sea llamada hija de Dios. Y eso es lo que soy (1 Juan 3.1). Sáciame de tu amor inagotable por la mañana, para que cante de alegría y esté contenta por toda mi vida (Salmos 90.14). Dame el poder para amarte, Señor mi Dios, con todo mi corazón, con toda mi alma, y con toda mi mente y con todas mis fuerzas. Ayúdame, Dios, a amar a mi prójimo como a mí misma (Marcos 12.30-31). Dame el poder para perdonar a otros como tú me perdonas a mí (Mateo 6.12). Derrama tu amor en mi corazón (Romanos 5.5) y ayúdame a amar a mis enemigos (Lucas 6.35). En mi sufrimiento, ayúdame a entregarme a ti, mi fiel Creador, y a seguir practicando el bien (1 Pedro 4.19). Lléname de la absoluta convicción de que tú, quien comenzaste tan buena obra en mí, la irás perfeccionando hasta el día de Cristo Jesús (Filipenses 1.6).

Añada sus propias palabras...

Sálgase de ese pozo
Guía de descubrimiento

Cada uno de estos estudios breves ha sido diseñado no sólo para realizar el aprendizaje y la aplicación de las ideas desarrolladas en *Sálgase de ese pozo*, sino que también para ayudarla a relacionarse con los pasajes bíblicos que hicieron que estas ideas nacieran, especialmente con el salmo 40.1-3.

La primera sección de cada estudio, «Preguntas para reflexionar», viene de los capítulos de este libro y le ayudará a recordar y reexaminar los puntos principales de cada capítulo. Después de cada pregunta encontrará la página en donde puede encontrar la respuesta.

La segunda sección, «Aplicación personal», le ayudará a aplicar personalmente el material al relacionar las lecciones de cada capítulo a su propia vida.

Ambas secciones de la Guía de descubrimiento pueden ser usadas individualmente o para una discusión de grupo. Si es en grupo, tendrá tiempo para compartir las respuestas de su «aplicación personal» si así lo desea. No debe sentirse obligada a compartir a menos que usted quiera.

Le animo a que trate de contestar todas las preguntas en esta guía. El Espíritu Santo usa sus esfuerzos cuando usted trata de responder.

CAPÍTULO 1
LA VIDA EN EL POZO

PREGUNTAS PARA REFLEXIONAR

1. Para algunas personas, un pozo puede estar tan cerca que no lo pueden ver. ¿Por qué es esto cierto? (p. 8)

2. Cuando Cristo dijo: «Ven y sígueme», había algo implícito en su invitación. ¿Qué era? (p. 7)

3. La ilustración acerca de una persona metiendo una casa rodante en la sala de su casa nueva, plantea un punto importante. ¿Cuál es? (p. 11)

4. A menudo no reconocemos un pozo cuando estamos metidos en él. ¿Cuáles son las tres señales que caracterizan a un pozo? En otras palabras, usted sabe que está en un pozo cuando... (pp. 14-20)

5. ¿Cuál es la diferencia entre estar en un pozo y estar en pecado? (p. 21)

1. De lo que ha aprendido en este capítulo, ¿diría que está, o ha estado en un pozo? Describa cómo se siente o se sintió en este tiempo.

2. ¿Alguna vez ha sido, o es actualmente una residente de un pozo ambulante? Si es así, ¿cuál fue o es la naturaleza de su pozo ambulante, y a dónde la llevó o la está llevando?

3. «La reclusión rigurosa de un pozo nos agota con el eco interminable del ensimismamiento». ¿Puede usted identificarse con esta declaración? Si es así, ¿por qué?

4. «La mayoría no va a adquirir conciencia por ver de repente lo mala que es, sino por ver cuán aburrida está». Reflexione sobre «cuán aburrida está» en su propia vida, y si es o no una indicación de que tal vez esté en un pozo.

5. ¿Qué esperanza le da el salmo 40 a usted personalmente en cuanto al pozo en el que tal vez se encuentre?

CAPÍTULO 2
CUANDO LA LANZAN A UN POZO

PREGUNTAS PARA REFLEXIONAR

1. Podemos ser echadas en «pozos de inocencia». Dé algunos ejemplos de maneras inocentes en que la gente puede ser echada dentro de un pozo (pp. 25-28)

2. Un pozo en el cual nos echan puede ser el más complicado para poder lidiar tanto emocional como espiritualmente. ¿Por qué? (p. 29)

3. Algunas veces empezamos en un pozo de inocencia, pero después nos encontramos en un pozo de pecado. ¿Cuál es el potencial del pecado de una persona que ha sido lanzada en un pozo? (pp. 31-32)

4. Perdonar no tiene que ver con un sentimiento ni con una pasividad. ¿Con qué tiene que ver, entonces? (pp. 32-33)

5. Poner a Dios como el responsable en última instancia de una manera positiva, como su Palabra lo sugiere, es nuestro boleto de salida. ¿Cuál es la manera positiva? Lea Génesis 50.20 para descubrir cómo José encontró la manera positiva de poner la responsabilidad en Dios. (p. 42)

APLICACIÓN PERSONAL

1. Si alguien la ha lanzado a un pozo de inocencia, ¿dónde está usted ahora en cuanto a salir de él y encontrar el «lugar firme en dónde pararse» del cual habló el salmista? ¿Se encuentra atascada en el lodo y el pantano? ¿Está tratando de salir? ¿Está parada en una roca? Explique su respuesta.

2. ¿Alguna vez se ha sentido «cómoda» viviendo en un pozo? Si es así, ¿por qué fue esto cierto en ese tiempo?

3. ¿Alguna vez ha experimentado el poder y la voluntad de perdonar? Si es así, describa las circunstancias y el resultado.

4. «Usted puede estar en un pozo inocentemente aunque no siempre haya sido inocente». ¿Qué significa para usted esta declaración en cuanto a nuestros sentimientos de culpabilidad?

5. «La abundancia de su experiencia la hace rica. Úsela en las personas que están heridas». ¿Cómo podrá Dios usar sus propios sufrimientos para ayudar o sanar a otros?

CAPÍTULO 3

CUANDO SE RESBALA EN UN POZO

PREGUNTAS PARA REFLEXIONAR

1. ¿Cuáles son algunas maneras en que una persona puede resbalarse dentro de un pozo? (pp. 56-58)

2. ¿Cuál es el plan progresivo de tres pasos que tiene Satanás para hacer que nos resbalemos en un pozo? (p. 61)

3. Las Escrituras tienen un nombre para una pequeña distracción que se convierte en una gran distracción. ¿Cuál es? (p. 61)

4. ¿Cuál es el sistema de alarma que tiene un cristiano por dentro para no resbalarse en pecado? ¿Cómo funciona este sistema de alarma en la vida de una persona? (p. 65)

5. Lea 1 Juan 4.4. ¿Qué dice este versículo acerca de la posibilidad de que Satanás la atrape para que se quede en el pozo? (p. 65)

APLICACIÓN PERSONAL

1. Lea Salmos 38.4-6, 9, 12 y 14-17. Piense en un tiempo en que usted se resbaló en un pozo y subraye las palabras en esos versículos que describen cómo se sintió (o se siente ahora) acerca de la situación en que estaba (o se encuentra).

2. Si usted estaba en Cristo en el tiempo en que Satanás le tiró la primera distracción, ¿cuándo fue la primera vez que el Espíritu Santo hizo sonar la alarma? ¿Cómo respondió usted?

3. ¿Cuáles son algunos trucos que Satanás usa para distraerla y que se resbale y caiga en pecado?

4. ¿Se encuentra ahora en la fase de «distracción» para meterse dentro de un pozo potencial? Si es así, ¿qué le está diciendo el Espíritu Santo? ¿Qué es lo que usted necesita hacer *ahora*?

5. ¿Se encuentra ahora en la fase de «adicción» de un pozo? Lea 1 Juan 4.4 nuevamente y reflexione sobre lo que significa en su situación. ¿Qué es lo que necesita hacer para reclamar esa promesa?

CAPÍTULO 4
CUANDO SALTA A UN POZO

PREGUNTAS PARA REFLEXIONAR

1. La tercera forma en que puede meterse en un pozo es saltando adentro. ¿Cuál es la diferencia de este método en comparación con los otros dos métodos, especialmente en cuanto al motivo y la forma de pensar de la persona que salta? (p. 71)

2. ¿Por qué «saltar adentro» es el método más peligroso de meterse en un pozo y el que tiene muchas más consecuencias? (p. 76)

3. ¿Cuál es el «deseo deformado»? (p. 80)

4. ¿Cómo nos advierte el Espíritu Santo sobre las «relaciones prohibidas»? (p. 85)

5. ¿Qué palabra usa Dios como su manera más rápida de alejarnos de un pozo? (p. 86)

APLICACIÓN PERSONAL

1. «Somos tan perfectamente capacitados para la pasión que la vamos a encontrar de una u otra manera. Si no la encontramos en Cristo, la encontraremos en cosas como la lujuria, la ira, la furia y la codicia». ¿Cómo ha visto usted esta verdad manifestada en su propia vida o en la de aquellos que usted conoce?

2. En última instancia, cada una de nosotras hará lo que queramos hacer. Jesucristo le pregunta: «¿Qué es lo que quieres, hija?» ¿Cómo responderá usted?

3. El salmista dijo: «Me agrada, Dios mío, hacer tu voluntad; tu ley la llevo dentro de mí» (Salmos 40.8). En la secuencia entre «para nada» y «sí pienso igual», ¿Con cuál se identifica usted hoy?

4. Una muñeca Barbie con un pie roído proveyó una imagen conmovedora de la condición espiritual de Beth. ¿Qué imagen usaría para describir el estado espiritual en que se encuentra usted cuando piensa en lo propensa que es a saltar?

5. ¿Por qué Dios es sabio en no dejar que usted olvide el terrible dolor que le causó el lugar donde estuvo?

CAPÍTULO 5
CÓMO SALIR DEL POZO

PREGUNTAS PARA REFLEXIONAR

1. Podemos salirnos de nuestro pozo, pero no solas ni con ayuda de un ser humano. ¿Qué se necesita para salir? (p. 91)

2. Si un ser humano asume el rol exclusivo de nuestro libertador, ¿qué hará esa persona inadvertidamente? (p. 93)

3. La gente nos puede «ayudar», «levantar», y en ocasiones «sacar» de un pozo, pero ¿qué es lo que no pueden hacer? (p. 92)

4. ¿Por qué algunas personas abandonan a sus amigas que están sufriendo? (p. 99)

5. Si no podemos sacar a alguien de un pozo, ¿cuáles son las cinco cosas que podemos hacer para que «haya un cambio profundo en la vida de ese alguien»? (pp. 105-106)

APLICACIÓN PERSONAL

1. Para este entonces, usted probablemente ya ha identificado uno o más pozos en los cuales ha estado. ¿Cómo ha estado tratando de «lidiar» con ellos hasta ahora?

2. ¿Cuáles son los pasos prácticos para lidiar con las limitaciones de sus amigos, miembros de familia, consejero profesional, ministro y su grupo de apoyo?

3. ¿Está enojada con alguien en su vida por la cual se ha sentido o se siente desilusionada? ¿Qué rol puede jugar el perdón en ayudarla a sanar los sentimientos heridos?

4. ¿Qué dice Filipenses 1.6 y 2 Corintios 1.10 en cuanto a la fidelidad de Dios? ¿Qué palabras en estos versículos significan más para usted personalmente y por qué?

5. ¿Hay alguien a quien haya estado tratando de rescatar? Si es así, ¿cómo piensa que debe relacionarse con el problema de esa persona de ahora en adelante?

CAPÍTULO 8
LOS TRES PASOS PARA SALIR DEL POZO

PREGUNTAS PARA REFLEXIONAR

1. Usted puede escoger a Dios. ¿Cuáles son las provisiones que el Padre, el Hijo, y el Espíritu Santo pueden dar que los hace aptos para sacar a alguien de un pozo? (pp. 113-114)

2. ¿Cuáles son los tres pasos que la Biblia propone para salirse de un pozo? Dígalos en voz alta. Si está en un grupo, díganlo en voz alta (p. 119)

3. Describa cómo debe clamar un residente de un pozo. ¿Por qué Dios usualmente espera que nosotros clamemos de esta manera antes de rescatarnos? (pp. 120-122)

4. Después de clamar, confiese. ¿Qué es lo que incluye nuestra confesión? (p. 127)

5. Después de confesar, consienta. ¿Qué significa consentir en este caso? ¿A qué debemos consentir? (p. 131)

APLICACIÓN PERSONAL

1. Para poder salirnos de nuestro pozo, «Dios quiere todo lo que usted tiene. Prioridad indiscutible. Todos los huevos en una canasta. Todo su peso sobre una extremidad». ¿Qué es lo que tiene que suceder en su vida para que usted tome este reto seriamente?

2. Si está lista para empezar a salirse del pozo, ¿qué palabras usaría usted para clamar a Dios?

3. ¿Qué necesita confesarle a Dios? ¿Qué actitud, motivo y acción piensa que contribuyó a que esté en su pozo?

4. ¿Qué significado tendrá para usted el «consentir activamente» para poder salirse de su pozo?

5. Ahora vaya a la sección de las «Oraciones con Escrituras» en la parte de atrás de este libro. Haga planes para pasar una semana leyendo en alto las oraciones de «clame, confiese y consienta» cada día. Continúe usando estas oraciones mientras espera que Dios la saque de su pozo.

CAPÍTULO 7
ESPERANDO LA LIBERACIÓN DE DIOS

PREGUNTAS PARA REFLEXIONAR

1. La relación es muy importante para Dios. En cuanto a salir de un pozo, ¿cuál es su parte y cuál es la nuestra? (p. 147)

2. La mayoría de las veces tenemos que esperar pacientemente para ser liberadas de nuestros pozos, pero durante la espera, ¿cuáles son algunas cosas por las cuales no tenemos que esperar? (p. 149)

3. ¿Cuáles son algunas de las señales que indican que el proceso de liberación está en marcha? (p. 150)

4. Lea Salmos 40.1-2. ¿Cuál es el verdadero significado del término *qwh* en hebreo, el cual traducimos como «esperar»? Describa a una persona que está esperando al Señor como el salmista lo propuso (p. 150).

5. Lea Salmos 130.1-6. ¿Qué es lo que este salmo añade que demuestra la postura o la actitud de alguien que espera a Dios? (pp. 152-153)

APLICACIÓN PERSONAL

1. Dios puede liberar a una persona instantáneamente, pero rara vez ocurre así. ¿Alguna vez le ha pasado a usted o a alguien a quien conoce? ¿Cómo respondió usted? ¿Quedó turbada por el poder de Dios? ¿Escéptica? ¿Tranquila?

2. Mientras ha esperado a Dios para que la libere, ¿cuál ha sido su estado de ánimo? Compare el suyo con el del salmista en Salmos 40.1-2 y 130.5-6.

3. «Pero una vida tranquila e invariable eventualmente hace que descuidemos nuestra espiritualidad». ¿Puede usted pensar en algún tiempo de su vida cuando esto fue especialmente cierto?

4. Salmos 130.5 dice: «En su palabra he puesto mi esperanza». En el pasado, ¿dónde puso usted su esperanza? ¿Qué cosa puede hacer mientras espera y tiene la esperanza de ser liberada?

5. Otra definición para qwh (esperar) es «unir». Al imaginarse a las dos hijas de Beth aferrándose a las piernas de ella, descríbase a usted misma al comenzar a aferrarse a Dios.

CAPÍTULO 8
DECÍDASE

1. Si queremos salirnos del pozo para siempre, ¿Cuál es la cosa absolutamente crucial que debemos hacer? (p. 161)

2. Para mantenernos fuera del pozo, ¿por qué es tan importante tener ciertas preguntas contestadas antes de que la vida las formule? ¿Y solucionar algunas cosas de antemano sobre la tentación inevitable de revertir o de rascar destructivamente una picazón temporal? (p. 162)

3. ¿Por qué es el reto más grande de todos salirse de un pozo mientras que otras personas cercanas a nosotras aún permanecen allí? (p. 168)

4. Cuando Dios realiza una liberación dramática en nuestras vidas, ¿cuáles son algunos de los cambios que podemos esperar en nuestras relaciones? (p. 176)

5. ¿Por qué algunas relaciones tienen que terminar y no simplemente cambiar? (p. 178)

APLICACIÓN PERSONAL

1. ¿Cuáles son algunas de las tentaciones inevitables que usted puede esperar enfrentar en los próximos días, semanas, o meses, cuando intente pararse firme en la roca?

2. «Debemos solucionar algunas cosas de antemano». Cuando las próximas tentaciones surjan, ¿qué puede decir o hacer diferente que indique que ha «tomado la decisión correcta»?

3. ¿Qué relación o relaciones en su vida va a tener que cambiar como resultado de su decisión de mantenerse fuera del pozo? ¿Cómo cambiará su familia? ¿Cómo van a cambiar las relaciones con sus amigos?

4. ¿Existe una relación en su vida que está siendo alimentada por una adicción o que está en peligro de convertirse en una? ¿Es esta la relación que usted debe terminar? ¿Por qué sí o por qué no?

5. Cuando le diga adiós a su pozo de una vez por todas, usted va a «vivir en el aire fresco y en la luz del sol». Describa cómo se verá eso y cómo se sentirá eso en su vida.

CAPÍTULO 9
CANTAR UNA NUEVA CANCIÓN

PREGUNTAS PARA REFLEXIONAR

1. Según Salmos 40.3, apenas Dios la pone en la roca y le da un lugar firme en qué pararse, ¿qué es lo que Él hace justo después de eso? (p. 183)

2. «Su corazón late al ritmo de una canción de Dios, y sus cuerdas vocales fueron diseñadas para darle volumen». ¿Qué es una canción de Dios? (p. 183)

3. Si tener una nueva canción en nuestros labios no significa que estamos completamente libres de dolor, ¿qué significa entonces? (p. 190)

4. ¿Cómo podemos hacer que las canciones del cielo se canten sin cesar como un acompañamiento en nuestra jornada al salir del pozo? (p. 194)

5. Hasta que lleguemos al cielo donde oiremos las canciones reales de Dios que acompañarán nuestra liberación, ¿qué debemos hacer? ¿Cómo debemos cantar? (p. 196)

APLICACIÓN PERSONAL

1. ¿Ha empezado usted a oír la canción de Dios en su corazón? ¿Puede ponerle letras a su canción? Si es una canción real que usted puede cantar, ¡cántela!

2. Describa un tiempo en que usted empezó a cantar una canción de alabanza espontáneamente, tal vez en su carro, en su casa, en un elevador, etcétera. También describa un tiempo en que cantó, no porque quiso hacerlo, sino como un acto de fe. ¿Cuál fue el resultado?

3. Cuando está en un pozo, puede que esté cantando una canción, pero usualmente no es una canción de Dios. ¿Cuáles son algunas de las canciones de su enemigo que usted ha estado cantando? Si no puede pensar en una canción real, invente un título de una canción que sea apropiada para su situación.

4. Ahora escoja una o dos canciones, y/o bandas sonoras que piense que Dios use para acompañarla en su victoriosa liberación de un pozo. Si no tiene estos CD en casa, compre o pídalos prestado y escúchelos cada día.

5. Esta semana encuentre tiempo y un lugar donde no haya distracciones. Entonces escuche la música que escogió mientras se imagina el momento dramático de su victoria sobre el pozo mortal del cual está saliendo (o del que pronto saldrá).

CAPÍTULO 10
NUESTRO FUTURO SIN POZOS

1. Según Apocalipsis 21.1-6, ¿qué le sucederá al mundo (la primera Tierra) como lo conocemos? ¿Qué lo reemplazará? (p. 204)

2. Comparando Salmos 23.1-3 con Apocalipsis 7.17, ¿qué diferente será la vida en el cielo a en la tierra? (pp. 204-205)

3. Según Apocalipsis 20.1-3, ¿qué le sucederá a Satanás cuando todo termine? (p. 206)

4. En la economía de Dios, ¿qué les sucede a aquellos que cavan un pozo para otros? (p. 206)

5. ¿Qué nos promete Romanos 8.18 en cuanto a nuestros sufrimientos actuales? (p. 207)

APLICACIÓN PERSONAL

1. Qué le viene a la mente cuando trata de contestar la pregunta: «¿Qué es lo que está pasando con este mundo?»

2. Cuando usted lee Apocalipsis 21.1-4, ¿qué es lo que siente? Describa cómo será su vida uno de estos días, sin dolor y sin lágrimas.

3. ¿Ha hecho la decisión de tomar la mano de Cristo y ser liberada de su pozo? Si no, hágalo ahora con una oración, entregándole su vida a Él y pidiéndole que Él sea su Señor y Salvador.

4. Haga una lista de las cosas más importantes que ha aprendido al leer este libro.

5. ¿Qué decisiones específicas ha hecho que le ayudarán a salirse de su pozo? Escríbalas y ponga su lista en un lugar prominente como una inspiración para su vida victoriosa, ¡fuera del pozo!

9 781602 550209